Robert Hoffmann

MYTHOS SALZBURG

Bilder einer Stadt

VERLAG ANTON PUSTET

Wir danken dem Kulturamt des Landes Salzburg für die Unterstützung.

Bibliografische Information Der Deutschen Bibliothek
Die Deutsche Bibliothek verzeichnet diese Publikation in der Deutschen Nationalbibliografie; detaillierte bibliografische Daten sind im Internet über *http://dnb.ddb.de* abrufbar.

Bergstraße 12, 5020 Salzburg

Bildtexte: Roman Höllbacher, Robert Hoffmann
Layout: Roberta D'Errico-Gronegger
Satz und Grafik: Herbert Moser, CCM Salzburg
Titelbild: Ausschnitt aus W. F. Schlotterbeck „Salzburg"
Papier: Gardapat 135g, 1,3faches Volumen
Cover: Rives Design, 120g
Druck: Salzburger Druckerei
ISBN 3-7025-0425-7

INHALT

„SALZBURG – DAS IST MEHR ALS DER BLOSSE NAME EINER STADT“

Mythen sind verschlüsselte Botschaften und repräsentieren kulturelles und soziales Gedächtnis. Im allgemeinen Sprachgebrauch sind Mythen freilich Geschichten, „deren Wahrheitsanspruch nicht allzu ernst genommen wird, die aber auf den Rezipienten eine große Faszination ausüben“.[1] Dies hängt mit einer begrifflichen Unschärfe zusammen, denn meist bleibt unklar, was „Mythen“ von jenen alltäglichen „Image“-Merkmalen unterscheidet, die auf klischeehaften Einstellungen, Wertungen und Stereotypen beruhen. Roland Barthes sah das Eigentümliche des Mythos in der Umwandlung eines Sinns in Form. Der Mythos entziehe dem Objekt, von dem er spricht, jeden geschichtlichen Sinn. Die Geschichte verflüchtige sich aus ihm, bis man nur noch zu genießen brauche, „ohne sich zu fragen, woher dieses schöne Objekt komme“.[2]

Nach Barthes Definition ist „Salzburg“ zweifelsfrei ein Wort von mythischer Dimension. Im Rückblick auf eine zwei Jahrhunderte zurückreichende Tradition hymnischer Stadtbeschreibungen, welche der Außenwelt das Bild eines unveränderlichen, von Schönheit, Kunst und Kultur gleichermaßen geprägten Naturzustandes vorspiegelt, scheint die Annahme eines „Mythos Salzburg“ durchaus berechtigt. „Salzburg – das ist mehr als der bloße Name einer Stadt“, schreibt der Autor eines populären Österreich-Bildbandes der 1950er Jahre, „es ist ein Wort, ein Anruf gleichsam, der eine Fülle von Bildern und Erlebnissen erweckt: eine bezaubernde, vielfältige Landschaft, eine lange ruhmreiche Geschichte und eine ganze Welt von Kunstwerken. Vieles war Voraussetzung und vieles musste geschehen, damit dieses Wort seinen reichen Inhalt bekommen hat.“[3]

Mythen erscheinen zeitlos, sind aber keineswegs geschichtslos. Thema dieses Buches sind daher jene Prozesse einer Imagebildung und Traditionsstiftung, die zur Ausformung eines in seiner heutigen Erscheinungsform durchaus vielgestaltigen „Mythos Salzburg" führten. Nimmt man die Chronologie der Ereignisse als Maßstab, dann bietet sich die „Entdeckung" der Stadt und ihrer Landschaft durch die Maler der Romantik als Ausgangspunkt der Darstellung an. Weitere Themen sind unter anderem die Transformation des Bildes der „Schönen Stadt" in die gängigen Klischees der modernen Tourismuswerbung sowie die erfolgreiche Aneignung des Namens und der Person Mozarts durch eine regionale Kulturelite, wodurch Salzburg zum „Gedächtnisort" für den heute weltweit bekanntesten Österreicher avancierte.[4] Jüngste der drei wesentlichen Komponenten des überregional wirksamen „Salzburgbildes" ist schließlich der auf älteren Mythos-Komponenten aufbauende und um Konzepte einer kulturellen Erneuerung im Geist des Fin de Siècle angereicherte „Salzburger Mythos" Hugo von Hofmannsthals, der in weiterer Folge in den touristisch vermarktbaren „Mythos der Salzburger Festspiele" übergehen sollte.

Im Dienst der österreichischen Tourismuswerbung erfüllt der „Mythos Salzburg" seit Jahrzehnten eine wesentliche Funktion. Obwohl das historische Stadtbild ausschließlich auf den Gestaltungswillen der geistlichen Landesfürsten zurückgeht und keine Identifikation mit der habsburgisch-österreichischen Geschichte zulässt, zählt die berühmte Silhouette mit ihren vielen Türmen und Kuppeln, überragt von der Festung Hohensalzburg, zu den am häufigsten reproduzierten Bildstereotypen Österreichs. Kein Bildband, Reiseführer oder Fremdenverkehrsprospekt über Österreich kommt ohne die berühmte Salzburger Stadtansicht aus, die daher als ein besonders markantes „Symbol Österreichs" gelten kann.[5] Der „Mythos Salzburg" prägt aber nicht nur das Image der Stadt in der ganzen Welt, er ist auch Teil jenes Selbstbilds vom „Kulturland Österreich", das im langwierigen Prozess der Herausbildung einer österreichischen Identität zunehmend an Gewicht gewann. Wenn Salzburg heute nach Wien von allen österreichischen Städten im kollektiven Bewusstsein der Österreicher am stärksten verhaftet ist,[6] dann vor allem aufgrund der Strahlkraft des „Mythos Salzburg".

Mythen sind aber nicht nur langlebig, sondern verfügen zudem über eine erstaunliche Fähigkeit zur inhaltlichen Ausweitung. Die Person Mozarts wurde bekanntlich erst Mitte des 19. Jahrhunderts im Verlauf einer erfolgreichen Selbstinszenierung des Salzburger Bürgertums in den Mythos der „schönen Stadt" integriert. Als Konsequenz dieser inhaltlichen Ausweitung gewann die Stadt Ende des 19. Jahrhunderts eine Aura der Musikalität hinzu, welche der Festspielidee den Boden bereitete. Gerade am Beispiel der Geschichte der Festspielgründung zeigt sich, dass jedes Raumbild vor allem ein Werk der Imagination ist: „Wenn eine bestimmte Vorstellung von einer Landschaft, ein Mythos, eine Vision, sich an einem bestimmten Ort etabliert",

Der Blick aus dem Schloss Mirabell über den Garten mit Dom und Festung in der Tiefe des Bildgrundes nimmt das spätere, millionenfach verkaufte Postkartenmotiv vorweg. Wäre es bei dieser zutiefst melancholischen Interpretation geblieben, es hätte sich für die Tourismuswerbung gewiss nicht geeignet. Der Akademieprofessor Franz Caucig besuchte Salzburg in Begleitung des Hofarchitekten Peter Nobile knapp ein Jahr nach dem verheerenden Stadtbrand von 1818, der auch das Schloss Mirabell schwer in Mitleidenschaft gezogen hatte. Eigenwillig distanziert und fern bleiben die einzelnen Objekte. Caucigs Bilder stehen nicht nur unter dem Eindruck der aktuellen Katastrophe, sondern machen die tiefe Depression nachvollziehbar, in die Salzburg mit dem Verlust der politisch-ökonomischen Eigenständigkeit gefallen war.

verschwimmen „die Kategorien in eigentümlicher Weise […]: Metaphern werden wirklicher als das, worauf sie Bezug nehmen, und werden tatsächlich ein Teil der Szenerie“.[7]

Salzburg war in den vergangenen 150 Jahren Landeshauptstadt, regionale Wirtschaftsmetropole, Mozartstadt, Festspielstadt und Touristenzentrum in einem. Die daraus resultierende Multifunktionalität erschwert es dem Einheimischen auch heute noch, das „Bild“ seiner Stadt klar zu konturieren: als Landeshauptstadt ist Salzburg Gravitationszentrum des regionalen politischen Systems und zugleich Mittelpunkt des salzburgischen Landesbewusstseins; als Wirtschaftsstandort hat die Stadt seit 1945 zudem die Position eines westösterreichischen Dienstleistungs- und Technologiezentrums errungen; als Geburtsort Wolfgang A. Mozarts gilt sie weltweit als die „Mozartstadt“ par excellence;[8] als führende Festspielstadt wiederum beansprucht sie – zumindest im Sommer – den Rang einer europäischen Kulturmetropole. Über allem schwebt nach wie vor die Vision des Mythos der „Schönen Stadt“[9], die – obzwar durch die bauliche Entwicklung seit 1945 weitgehend

obsolet – als Kulisse einer höchst erfolgreichen touristischen Vermarktung dient und Fremden wie auch Bewohnern wie eh und je ein romantisch-verklärtes Bild der Stadt suggeriert.

Im Folgenden geht es um die Geschichte der Wahrnehmung des städtischen Raums von Salzburg, also um die Ausformung und Tradierung jenes mythischen Salzburgbildes, das seit zwei Jahrhunderten in mannigfaltigen Variationen als Vision einer arkadischen Einheit von Natur und Kultur das Image der Stadt prägt. Die Gültigkeit von Roland Barthes' These, dass es die Funktion von Mythen sei, „das Reale zu entleeren",[10] bestätigt sich im Falle Salzburgs bis in die Gegenwart. Von der „märchenhaften Irrealität" Salzburgs sprach – um nur ein Beispiel zu zitieren – der ungarische Schriftsteller und langjährige Staatspräsident Árpád Göncz in der Eröffnungsrede der Salzburger Festspiele von 1993. „Die Nacht senkte sich auf uns hernieder, nur das Zwielicht und die Wogen der Engelsmusik umschwebten uns. [...] Seit damals bedeutet Salzburg für mich all das – Musik der Engel, die durch die Wände sickert, Glühen, das sich langsam in Dunkelheit verliert, vibrierende Lichter drunten im Wasser des Flusses".[11]

Árpád Göncz' persönliches Salzburgerlebnis belegt das Fortleben einer romantischen Salzburg-Vision und auch im Genre der farbenprächtigen Bildbände und stimmungsvollen Anthologien setzt sich die Tradition hymnischer Stadtbeschreibungen ungebrochen bis in die Gegenwart fort. Dem überlieferten Bild steht jedoch die Wirklichkeit einer von Massentourismus, baulicher Expansion und vom Bedeutungsverlust der Altstadt geprägten „anderen Stadt" gegenüber, welche Besuchern wie auch Einwohnern das spontane „Erleben" des Salzburg-Mythos in romantischer Überlieferung mitunter erschwert, wenn nicht gar unmöglich macht. Ist der „Mythos Salzburg" damit am Ende seiner Wirkungsgeschichte angelangt? Vermutlich nicht! Vieles spricht dafür, dass Mythen auch in der „postbürgerlichen Erlebnisgesellschaft" eine wesentliche, wenn auch den veränderten Rahmenbedingungen angepasste Funktion erfüllen werden. Wie das Beispiel ähnlich „mythos-befrachteter" Orte wie Heidelberg oder Bayreuth[12] zeigt, gewinnen matt und brüchig gewordene Standort-Mythen durch zeitgemäßes „Mythos-Marketing"[13] erneut an Attraktion. Fest steht allerdings auch, dass die Vermittlung von Mythen in den virtuellen Konsumwelten der Zukunft vor allem über die modernen elektronischen Medien erfolgen wird. Mit Hilfe raffinierter Inszenierungs- und Präsentationsstrategien werden Mythen ganz selbstverständlich zur erfolgreichen Vermarktung „neuartiger – Musik, Natur, Geschichte, Gesundheit, Sport und luxuriöses Ambiente synthetisierenden – ‚Erlebnispackages'"[14] beitragen. Dieser Trend zeichnet sich im übrigen schon heute im Salzburger Festspieltourismus ab, auch die großangelegte Planung des Mozartjubiläums von 2006 weist in diese Richtung.

Die geistlichen Landesfürsten des Barockzeitalters verwandelten Salzburg in ein städtebauliches Gesamtkunstwerk. Mit der Vollendung der Bauten des kaiserlichen Hofarchitekten Johann Bernhard Fischer von Erlach stand die Stadt zu Beginn des 18. Jahrhunderts im Zenit ihrer Pracht, hier in einer Ansicht von Johann Friedrich Propst. Geschützt von mächtigen Bollwerken und überragt von den Kuppeln und Türmen der Kirchen wird sie zum Sinnbild christlicher Wehr- und Tugendhaftigkeit, zur „Pietas Salisburgensis". Unter dem Eindruck dieser Neugestaltung Salzburgs verwendete der Architekt Giovanni Gaspare Zucalli 1699 erstmals den Begriff „Rom des Nordens".

DIE „SCHÖNE STADT"

Die Romantiker „entdecken" Salzburg

Das frühe 19. Jahrhundert brachte den Abstieg in die Provinzialität. Wie manch andere ehemalige Residenzstadt des Heiligen Römischen Reichs fiel auch Salzburg nach dem Verlust der Residenzfunktion auf Jahrzehnte in einen Zustand relativer wirtschaftlicher, sozialer und kultureller Stagnation. „Auf den Plätzen, deren es viele und schöne gibt", schreibt Franz Schubert 1825 an seinen Bruder Ferdinand, „wächst zwischen den Pflastersteinen Gras, so wenig werden sie betreten".[15] Das „Gras auf Salzburgs Plätzen" wurde im Biedermeier zur gebräuchlichsten Metapher für die provinzielle Verschlafenheit der Stadt. Zahlreiche zeitgenössische Zustandsschilderungen vermitteln den Eindruck von politischer,

Obwohl sich die Stadt Salzburg in den 140 Jahren zwischen der Aufnahme von J. F. Probst und diesem Gemälde Johann Fischbachs baulich wenig veränderte, könnte die Darstellung kaum unterschiedlicher ausfallen. Während der barocke Zeichner die Stadt gleichsam „herauszoomt“ und den Blick des Betrachters auf Pracht und Detailreichtum der Architektur lenkt, fließen bei Fischbach Natur und Architektur ineinander. War es barocke Überzeugung gewesen, dass der Mensch sich von der Natur abzugrenzen habe, um dem göttlichen Auftrag gerecht zu werden, verweist Fischbachs Bild viel eher auf Stifters „sanftes Gesetz“. Geistesgeschichtlich bahnt sich darin der Schritt vom alttestamentlichen Schöpfungsglauben zur Evolutionstheorie an.

wirtschaftlicher und geistiger Verödung und auch bei den Salzburgern blieb diese Ära als „Siechzeit“ in schlechter Erinnerung.[16] Gerade diese Rückständigkeit machten die Stadt und die sie umgebende Landschaft aber für eine romantische Generation von Künstlern zum Ort der stärksten Anziehung und zum Schauplatz ihrer künstlerischen Selbst- und Welterfahrung.

Dem Bild der „Schönen Stadt“ Salzburg liegt die Vision eines idealen naturräumlich-städtebaulichen Ensembles zugrunde, die Ausdruck eines sich um 1800 vollziehenden Wandels im Verhältnis des Menschen zur Natur war. Erst in dieser Phase des Übergangs von der Spätaufklärung zur Romantik wurden die Stadt und ihre Umgebung „entdeckt“ und in den Rang einer idealtypischen Landschaft von ästhetischem Rang erhoben. Dieser Vorgang war keineswegs einmalig. Zur selben Zeit entdeckten die Romantiker die rheinische Landschaft, die Schönheiten des Salzkammerguts und Berchtesgadens sowie der Alpen in ihrer Gesamtheit. Auch Heidelberg und Nürnberg rückten damals als schöne Städte ins Bewusstsein zeitgenössischer Besucher.[17]

Die Bedeutung der Romantik für diesen Wahrnehmungswandel erhellt der Vergleich zweier im Abstand von hundert Jahren entstandenen Stadtbeschreibungen. 1721 beschränkt sich eine geographisch-statistische Staatsbeschreibung unter dem Aspekt der Nützlichkeit auf die nüchterne Aufzählung der topographischen Eigenheiten: „Salzburg [...], ist die vornehmste, und zugleich die Erzbischöffliche Residentz und Hauptstadt des gantzen Landes. Der Fluß Saltza oder Saltzach von welchem sie, und das gantze Land den Nahmen führet, fliesset mitten durch. Denen Gebäuden nach ist diese Stadt eine von den schönsten in Teutschland, sie ist auch ziemlich groß und wohl befestiget“.[18]

In einem enzyklopädischen Werk von 1836 wird Salzburg dagegen in schwärmerischer Diktion als Gesamtkunstwerk geschildert, entstanden aus dem Zusammenspiel von Landschaft und Geschichte, Natur und Kultur. Stadt und umgebende Landschaft sind nun ein untrennbares Ganzes, gleichsam das Produkt der umgebenden Natur. Die bildhafte Sprache vermittelt dem Leser den Eindruck eines einzigartigen Panoramas: „Vieles vereinigt sich, diese Stadt zur malerischten in Deutschland zu machen; der Staufen, Untersberg, hoher Göll, Tännenberg, Geisberg etc. bilden ein Amphitheater[19] von Hochalpen, welches immer den großartigen Hintergrund zu den Ansichten der Gegend bildet. Die Salzach strömt hier durch zwey isolierte Hügel von Kalk-Breccie, den Mönchs- und Kapuzinerberg, an manchen Stellen nur wenig freyes Uferland lassend. In diese Enge ist die Stadt hineingebaut. [...] Diese beengte Lage veranlasste noch, die meisten Dächer flach zu bauen, und so gibt Salzburg den überraschenden Anblick einer Italienischen Stadt, mit aller Pracht südlicher Bauart inmitten beschneiter Alpen, und jeder Schritt gewährt ein neues Bild.“[20]

Das Eindringen romantischer Empfindungen in das Salzburgbild der aufgeklärten Rationalisten zeichnete sich bereits im ausgehenden 18. Jahrhundert ab. Erste Ansätze zur einer Neubewertung des Stadtbildes finden sich in den Schriften der Salzburger Spätaufklärung. Lorenz Hübner, Salzburgs führender Aufklärer, beschrieb in seinen Topographien und Reisehandbüchern Land und Leute, Staat und Wirtschaft zwar noch in altertümlicher Weise. Dennoch empfingen unzählige Salzburgbesucher ihre ersten Anregungen aus Hübners Werk. Über eine enzyklopädische Auflistung des Sehens- und Wissenswerten hinaus findet sich bei ihm bereits jene Form von ästhetisch-empfindsamer Landschaftsschilderung, die dem romantischen Naturempfinden einer neuen Generation von Bildungsreisenden entgegenkam. 1792 rühmte Hübner die unvergleichliche Lage des Mönchsbergs, die „ihn zu einer der herrlichsten Promenaden" mache, „die man wegen abwechselnder, beinahe nach allen Seiten freyer Aussicht einzig in ihrer Art nennen kann [...]. Ein ähnlicher Berg in der Nähe einer großen europäischen Stadt wäre Millionen werth". Die Salzburger stünden diesem „einzigen Schatz" allerdings „etwas gleichgültig" gegenüber, auch wenn sie es mit Freude vernehmen, „wenn Fremde ihn über allen Ausdruck entzückend" fänden.[21]

Auch Franz Michael Vierthalers topographische Hauptwerke, die „Geographie von Salzburg" (1796) und seine „Reisen durch Salzburg" (1799), stimulierten das Interesse einer bildungsbürgerlichen Öffentlichkeit an Salzburg.[2] Vierthaler billigte Salzburg 1799 „eine schöne romantische Lage" zu. „Mahler und Nichtmahler" würden überrascht von „schönsten Ansichten", die Salzburg von allen Seiten biete, der Mönchsberg gleiche „einem großen Englischen Garten".[23] Als dritter bedeutender Literat der Spätaufklärung brachte schließlich der Domherr Friedrich Graf Spaur Salzburg einem breiten Leserkreis näher. Seine „Reise durch Oberdeutschland", die „Nachrichten über das Erzstift Salzburg" und vor allem die „Spaziergänge in den Umgebungen von Salzburg" vermittelten ein gleichermaßen durch rationale Beobachtung und romantisches Empfinden geprägtes Bild von Stadt und Land.[24] In einigen Spätwerken steigerte sich Spaurs Naturbegeisterung unter dem Einfluss der Spätromantik zur ekstatischen Überschwänglichkeit.[25]

Die Salzburger Gelehrten thematisierten in ihren Werken erstmals die landschaftlichen Schönheiten von Stadt und Land Salzburg und wurden dadurch zu Wegbereitern der späteren „Entdeckung" Salzburgs durch die Maler und Zeichner der Romantik. Der Blick der meisten Salzburgbesucher an der Wende vom 18. zum 19. Jahrhundert war jedoch landschaftsbezogen. Die Stadt selbst blieb dem großen Ganzen, also der umgebenden Naturlandschaft untergeordnet. Noch war ihr in den Augen der Reisenden nicht das Image einer „schönen Stadt" eigen. Im Gegen-

Die „Mahlerische Reise durch das Herzogthum Salzburg und das Fürstenthum Berchtesgaden", aus der dieses Blatt von Wilhelm Friedrich Schlotterbeck stammt, steht beispielhaft für die „Entdeckung" Salzburgs als „Motiv". Gleich einem Forschungsreisenden, der eine terra incognita betritt, schildert der im Auftrag eines Wiener Verlegers reisende Zeichner einem bild- und bildungshungrigen bürgerlichen Publikum neue Ansichten aus einer alten Welt. Schlotterbecks um 1805 entstandene Radierungen begründeten den Ruhm Salzburgs. Die beinahe topographische Sachlichkeit dieser Darstellungen wurde von den nachfolgenden Romantikern freilich als „matte Prospektschilderei" abgewertet.

Ferdinand Olivier, Mitglied des katholisch-romantischen Lukasbundes, erblickte hinter der äußeren Schönheit der Salzburger Landschaft eine tiefere, transzendente Botschaft. Im Rückgriff auf die altdeutschen und flämischen Meister des späten Mittelalters verstand er die Landschaft als den Ort, in dem sich die christliche Heilsgeschichte vollzieht. Seinem Zyklus „Sieben Gegenden von Salzburg und Berchtesgaden" stellt er ein Titelblatt mit der Inschrift „ich bin die auferstehung und das leben" voran und beschließt den Zyklus mit einem „Schlußstein", auf dem ein weiteres Zitat aus dem Johannes-Evangelium zu lesen ist: „selig sind die nicht sehen und doch glauben." Auf den sieben Blättern dazwischen tritt das einfache Volk als Akteur des Heils auf. Ganz bewusst ausgespart bleiben auf Oliviers Bildern die als priesterlicher Pomp verpönten Bauten der Salzburger Fürstenstadt. Allein die Festung und die im „altdeutschen Styl" gehaltenen Kirchen, wie die Margarethenkapelle oder die vermeintlich urchristlichen Katakomben im Petersfriedhof, finden Eingang in Oliviers Kanon. Er beschwört darin ein präreformatorisches Zeitalter, in dem die Kirche und auch das Reich noch ein(e)s waren.

teil: Manche Zeitgenossen schilderten um 1800 den Kontrast zwischen Stadt und umgebender Landschaft in krassen Worten. Der Naturforscher und Schriftsteller Joseph August Schultes war 1804 für Salzburg nicht zu begeistern. Sein Bericht lautete: „Nirgendwo habe ich in diesem erzbischöflichen Sitz etwas gefunden, das mir Bewunderung abgerungen [...]; ich möchte lieber auf seinem Schloßberg eingesperrt, als in der Stadt selbst Bürgermeister seyn."[26] Franz Sartori beschrieb Salzburg 1811 gar „als ein kaltes trauriges Mauerwerk", in dem er „es nicht über vier Tage" habe aushalten können.[27] Auch Jahre später, nach der Eingliederung in den Verband der Habsburgermonarchie, berichten viele Besucher Salzburgs von wirtschaftlicher Stagnation und Entvölkerung.

Die zwiespältige Bewertung der Stadt kontrastierte mit einer schier grenzenlosen Bewunderung der sie umgebenden Landschaft. Schultes etwa fehlte nur das Meer, um Salzburg mit dem Paradies gleichzusetzen: „Die schönste Gegend und die Gegend um Salzburg sind mir Synonyme geworden; ich kann mir das eine ohne das andere nicht denken. Die Gegend um Salzburg ist der Vereinigungspunct aller Naturschönheiten, die die üppigste Phantasie sich auf dem Continente wünschen kann."[28] Auch Sartori pries – in Anlehnung an Schultes – die salzburgische Landschaft in höchsten Tönen: „Die Lage und die Umgebung Salzburgs gehört zu den schönsten und pittoreskesten, welche sich nur die üppigste Phantasie vorstellen kann; alle Schönheiten des Kontinents sind da vereinigt."[29]

Die Begeisterung der Literaten übertrug sich allmählich auf die Reisenden. Auf der Suche nach der romantischen Ideallandschaft strömten zwischen 1800 und 1816 – ungeachtet der kriegerischen Ereignisse – zahlreiche Besucher an die Salzach.[30] Unter ihnen auch illustre Gäste wie der Berliner Architekt Carl Friedrich Schinkel, dessen Zeichnungen die Salzburgisch-Berchtesgadner Landschaft erstmals „in die Sphäre deutscher Landschaftskunst" erhoben.[31] Der fürsterzbischöfliche Hofmaler Andreas Nesselthaler sowie die beiden Schweizer Kupferstecher Wilhelm Friedrich Schlotterbeck und Johann Jakob Strüdt, die ab 1803 das Land bereisten, gelten zwar zu Recht als Vorboten der künstlerischen Entdeckung Salzburgs. Von nachfolgenden Künstlern wie Ferdinand Olivier wurden ihre Werke jedoch abschätzig als „matte Prospektschildereien" eingestuft, die „durchaus keinen Begriff von der Größe und Würde, Anmuth und reichen Mannigfaltigkeit" der Gegenden um Salzburg vermitteln würden.[32]

Schinkels Aufenthalt blieb zunächst eine Episode. 1811 fand es Sartori unbegreiflich, „daß noch kein Künstler Aussichten vom Mönchsberg gezeichnet hat, da er hier doch die Natur bloß copieren dürfte, um sich unsterblich zu machen".[33] Erst nach dem Ende der napoleonischen Kriege ging jene Saat auf, der das literarische Interesse für die Stadt den Boden bereitet hatte. Dann aber ging

Am Ende des napoleonischen Zeitalters verkümmerte die Bedeutung der Stadt zu einer Fußnote in der Geschichte. Der monumentale Prospekt der Stadt, die steinernen Zeugnisse der kirchlichen Bauherrn und die triumphale Geste ihrer Bauten sind aus diesem Bild Julius Schoppes von 1817 fast entschwunden. Zum Ausgangspunkt einer Mythisierung der Salzburger Landschaft wurde nun der Aigner Schlosspark, der schon im 18. Jahrhundert unter dem Einfluss der englischen „Parkomanie" zu einem Landschaftsgarten umgestaltet worden war. Die hier abgebildeten Berliner Maler Schoppe, Carl Wilhelm Gropius und Carl Friedrich Zimmermann hatten wesentlichen Anteil an dieser romantischen „Entdeckung" der Salzburger Landschaft. Mit von der Partie ist der Salzburger Arzt Alois Weißenbach, von dem das Panegyrikon „Aigen. Beschreibung und Dichtung" stammt.

es schnell. Binnen weniger Jahre wurde Salzburg zum Treffpunkt einer neuen Generation von Künstlern, denen die Stadt und ihre Umgebung mehr als jeder andere Ort in Österreich als „die äußerste Steigerung des romantischen Ideals" galten.[34]

Die künstlerische Entdeckung Salzburgs ging von Wien aus, wo sich nach 1810 um die Brüder Ferdinand und Friedrich Olivier eine vom Geist der religiösen Romantik, der Naturphilosophie Schellings und Schlegels beeinflusste deutsche Künstlerkolonie gebildet hatte. Angeregt durch die Alpenlandschaften Schinkels reiste Ferdinand Olivier in den Sommern 1815 und 1817 nach Salzburg, wo er, der eigentlich am Weg nach Italien gewesen war, seine künstlerische Bestimmung fand. Oliviers Vorbild machte Schule und bewog eine Reihe weiterer deutscher Künstler zum Besuch Salzburgs und seiner Umgebung. Diese lösten sich jedoch von Oliviers religiöser Landschaftsauffassung und vollzogen in ihren Zeichnungen und Bildern eine Hinwendung zum Realismus.[35] Julius Schnorr von Carolsfeld, Carl Philipp Fohr, Julius Schoppe, die Brüder Heinrich und Philipp Reinhold, Johann Adam Klein, Johann Christoph Erhard sowie Domenico Quaglio weilten in den 1820er Jahren in Salzburg und hoben mit ihren Gemälden, Zeichnungen und Lithographien die Gegend von Salzburg – so der Kunsthistoriker Heinrich Schwarz in seiner bahnbrechenden Arbeit über die künstlerische Entdeckung Salzburgs und des Salzkammerguts – „aus der Begrenzung lokal-topographischer Vedutendarstellung in den Bereich deutscher Landschaftskunst empor".[36] Aus romantischer Perspektive bildeten Stadt und umgebende Landschaft eine untrennbare Einheit.

Vom September 1821 datiert Ernst Fries' „Blick auf Salzburg". Fries zählt zu den Ersten in jener langen Reihe von Malern, die in den 1820er Jahren von München aus Salzburg besuchten oder auf der Fahrt nach Italien berührten.

Auf der „Flucht aus der Gegenwart in eine schönere Vergangenheit"[37] fühlten die Maler und Zeichner der Romantik sich ausgerechnet vom Flair der herabgekommenen und wirtschaftlich stagnierenden alten Stadt angezogen. Hatte die „öde, tote, menschenleere Stadt"[38] für einen Teil der Reisenden nach wie vor nur wenig Anziehendes an sich, so sahen die Künstler sich gerade hier am Ziel ihrer Wünsche. Indem sie Salzburg als „malerische" Stadt entdeckten, in der die Vergangenheit durch die Zufälle der Geschichte konserviert schien, wurde Salzburg für sie gleichsam zum „Erinnerungsraum", denn: „je leerer der Ort von gegenwärtigem Leben, desto lesbarer die in ihm eingegrabenen Spuren der Vergangenheit".[39] Besonders nahe der Vergangenheit fühlten sich die romantisch-nazarenischen Künstler am St. Petersfriedhof. Der Friedhof mit seinen in den Felsen eingehauenen Katakomben und den gotischen Kapellen wurde so zum „heiligen Ort" einer imaginierten Tradition, die je nach Bedarf bis in die christliche Antike oder in das deutsche Mittelalter zurückgeführt wurde. Während das barocke Salzburg mit seinen prächtigen Kirchen, Palästen und Brunnen bei der Motivauswahl weitgehend ausgespart blieb, wetteiferten die Künstler in der Darstellung dieses Friedhofs. Erwähnt seien hier nur Ferdinand Oliviers „Gottesacker zu Sct. Peter", Carl Philipp Fohrs Vision einer mittelalterlichen „Prozession auf dem Petersfriedhof" sowie Domenico Quaglios „St. Maximus-Capelle und der Friedhof von St. Peter".[40] Beliebte Motive des mittelalterlichen Salzburg waren außerdem das Kloster Nonnberg und die Festung.

Ludwig Richter, der Meister der volkstümlich-idyllischen Buchillustration, kam ebenfalls nach Salzburg. Er knüpfte in seinen „Malerischen Ansichten aus den Umgebungen von Salzburg und Berchtesgaden" (1823) thematisch zwar an Olivier an, der Gegenstand wandte sich bei ihm jedoch ins Gemütvoll-Beschauliche. Fast im Sinne späterer Fremdenverkehrswerbung kündigte sich bei ihm der Übergang zu jenen biedermeierlichen Darstellungen an, die mit Vorliebe die Sonnenseite der Landschaft, ihre Freundlichkeit und einladende Heiterkeit abbilden.[41] Seit damals ist die „künstlerische Verhüllung einer realen Welt" ein epochenübergreifender Grundtenor zahlreicher Salzburg-Bilder.[42] Nur geringer Erfolg war dagegen jenen zeichnenden „Topographen" beschieden, die wie der Wiener Akademieprofessor Franz Caucig in ihren Ansichten ein realistisches Gegenbild zum Paradies der Romantiker anstrebten.[43]

Um 1830 war die künstlerische Entdeckung von Land und Stadt Salzburg abgeschlossen. Was auf literarischem Gebiet bereits in den 1790er Jahren eingesetzt hatte, war von den Malern und Zeichnern der Romantik vollendet worden. Doch auf dem Weg von der Aufklärung zur Romantik hatte sich der Blick verengt. Während die Gelehrten zum Teil noch bemüht gewesen waren, die Realität des Lebens in diesem Lande darzustellen, vermittelten die darstellenden Künstler das „Bild" einer von der „Natur mit der üppigsten Vegetation und den mannigfaltigsten Reizen"[44] ausgestatteten Region. Bevölkert wurde dieser „Garten Gottes"[45] – bei Olivier und Richter – von einer frommen, selbstgenügsamen und zugleich arbeitsfrohen Bevölkerung.

Die Realität gestaltete sich im biedermeierlichen Salzburg freilich eher trist. Die staatliche Selbständigkeit war bereits 1805 verloren gegangen. Auf die Kalamitäten der napoleonischen Ära folgte 1816 die Integration in den österreichischen Kaiserstaat, welche die Degradierung zu einer Linz untergeordneten Kreisstadt mit sich brachte. Stadt und Land befanden sich durch Jahrzehnte in einem Zustand demographischer, wirtschaftlicher und politischer Stagnation, und noch in den 1850er Jahren hinterließ die Stadt den Eindruck einer „alternden, herabgekommenen, um ihr Äußeres unbekümmerten Stadt, deren Bevölkerung sich scheu und mißtrauisch abschloß, auf sich selbst zurückzog und der gewohnten Gemächlichkeit pflog".[46] Einer der wenigen, die einen Blick hinter die Kulisse der „schönen Stadt" warfen, war der Reiseschriftsteller Johann Georg Kohl: „Es ist überhaupt kei-

Domenico Quaglios „Ansicht der Festung Salzburg von Nonnberg“ erschien 1821 in der „Sammlung denkwürdiger Gebaeude des Mittelalters in Deutschland“. Nicht mehr die Suche nach religiöser Einheit und nationaler Identität wie bei Olivier, sondern ein national-romantisches Bekenntnis zum deutschen Mittelalter prägt hier das profane Bildmotiv. Salzburg war für Quaglio – ebenso wie Köln, Nürnberg oder Bamberg – eine Stadt des Mittelalters.

„Et ego in arcadia sum", könnte über dieser Ansicht Salzburgs mit dem Blick auf den Kapuzinerberg stehen. Johann Fischbach interpretiert die Landschaft Salzburgs ganz im Sinne der hymnischen Beschreibungen über ihren italienischen Charakter. Das Schäferidyll könnte auch in der Campagna, in der Gegend um Tivoli, angesiedelt sein, und der Hausberg der Salzburger könnte glatt mit jenem der Neapolitaner verwechselt werden.

Der österreichische Landschaftsmaler Thomas Ender hielt sich während der 1820er Jahre mehrmals in Salzburg auf. Das Aquarell „Blick auf die Stadt Salzburg mit Festung Hohensalzburg" entstand vermutlich in Zusammenhang mit einer Reise nach Bad Gastein, die Ender 1829 als Begleiter Erzherzog Johanns unternahm.

neswegs alles schön in dem schönen Salzburg. Die für Naturschönheiten begeisterten Leute, die hier im Sommer von allen Seiten Deutschlands zusammenströmen, sehen in Salzburg und seiner schönen Umgebung im Ganzen weiter nichts als eine prachtvolle Decoration, die sie an der Hand eines Cicerones beschauen und bewundern. Dass aber auch Menschen in diesen Decorationen wohnen, und *wie* sie darin wohnen, leben sich freuen und leiden, fällt den Wenigsten ein, einmal in Überlegung zu ziehen". [47]

Dennoch vollzog sich im ausklingenden Biedermeier der Aufstieg Salzburgs zur Touristenstadt. Maler und Zeichner der Romantik hatten um 1830 ihre Aufgabe erfüllt. Unter dem Einfluss des bürgerlichen Massenphänomens Tourismus verwandelten sich ihre elitären Visionen in breitenwirksame Klischees. Vom „Betteldorf mit leeren Palästen"[48] – wie die Salzburger ihre Stadt selbst bezeichneten – nahm der touristische Blick nur die schöne Kulisse wahr. Scharen von biedermeierlichen Touristen kamen in den 1830er und 1840er Jahren zur Sommerzeit auf der Suche nach jener Symbiose von Schönheit und Natur, die Spaur schon in seinen „Spaziergängen" touristisch aufbereitet hatte: In ganz Deutschland – so Spaur – sei kaum eine Gegend zu finden, „die mit mannigfaltigeren und pittoreskeren Umgebungen pranget, als jene sind, welche die Kreishauptstadt des Salzachkreises im Herzogthume Salzburg [...] den Fremden zum angenehmsten Aufenthalte zaubern. Franzosen, Britten, Russen, Deutsche fanden sich von denselben entzückt, und weilten Monate, und täglich mit neuem Entzücken, in diesen paradiesischen, stets mit verjüngtem Grün belebten, gut kultivierten Gefilden". [49]

„SAISONSTADT“

Leitbilder des Belle-Epoque-Tourismus

Die Verbürgerlichung von Wirtschaft, Gesellschaft und Kultur im 19. Jahrhundert veränderte nachhaltig das Freizeitverhalten. „Im Wechsel mit der Arbeitszeit gab es nun die Urlaubszeit – die Zeit für Natur, Reisen und Vergnügungen“.[50] Hauptakteur war das wirtschaftlich aufstrebende Bürgertum, das nun den Sommer als Urlaubs- und Reisesaison entdeckte. Dank der Eisenbahn – auch Salzburg wurde 1860 an das Schienennetz angeschlossen – nahm die Zahl jener Orte rasch zu, die den Rang einer „Saisonstadt“ beanspruchten.

Mitte des 19. Jahrhunderts sah die lokale Salzburger Wirtschaftselite den Zeitpunkt gekommen, Stadtbild und Stadtlandschaft touristisch im großem Maßstab zu verwerten. Hatten die Zeichner und Maler der Romantik die Salzachstadt gerade wegen ihrer Verträumtheit und idyllischen Antiquiertheit geschätzt, ging es nun um die Ausgestaltung der „Schönen Stadt“ zu einem jener zeitgenössisch so beliebten künstlichen Paradiese, die vor allem den spezifischen Bedürfnissen einer zahlungskräftigen „Crème der vornehmen Welt“ zu entsprechen hatten.[51]

Die Reisenden des bürgerlichen Zeitalters waren anspruchsvoll. Von ein und demselben Ort erwarteten sie sich „eine pittoreske Gegend [...], ein wohlthuendes Klima, elegante Vergnügungen, stärkende Bäder, vortreffliche Hotels und endlich eine auserlesene Gesellschaft“.[52] Der Aufstieg zum Modebad oder zur „Saisonstadt“ stand daher nur wenigen Orten offen. Salzburg aber hatte – darüber waren sich die Zeitgenossen einig – günstige Voraussetzungen: die Schönheit der alten Stadt und ihrer reizvollen Umgebung waren längst berühmt; das Klima galt als gesund; und auch für soziale Exklusivität war gesorgt, seitdem sich eine – zahlenmäßig allerdings noch sehr geringe – „auserlesene Gesellschaft“ im Tal von Aigen niedergelassen und eine „saisonstädtische“ Villenkultur begründet hatte, die in den folgenden Jahrzehnten vor allem den Süden der Stadt prägen sollte.[53]

Johann Fischbach, der lange Jahre in Aigen bei Salzburg ansässig war, erwarb sich nicht nur einen Ruf als „Stimmungsmaler der Stadt". Fischbachs Kunst der Landschaftsdarstellung fand darüber hinaus durch das neue Medium des Stahlstichs überregionale Verbreitung. 1848 erschien unter dem Titel „Malerische Ansichten der Stadt Salzburg" eine Kollektion von Stahlstichen, darunter „Salzburg von Mülln" mit der bekannten Silhouette...

Mit dem Aufstieg des bürgerlichen Tourismus entstand ein wachsender Markt für Ansichten, Veduten, Stahlstichen sowie Panoramen, und kaum eine andere Stadt dieser Größenordnung erfreute sich um die Mitte des 19. Jahrhunderts als Motiv einer ähnlichen Beliebtheit wie Salzburg.[54] Die Kunstausstellungen dieser Zeit wurden von Salzburg- und Salzkammergut-Bildern geradezu überschwemmt, was einen ambitionierten Künstler wie Leopold Kupelwieser zur Klage veranlasste, dass „der Landschaftsmaler [...] die beste Landschaft nicht verkaufen" könne, wenn sie nicht einen allgemein bekannten Winkel darstelle, „an den sich Erinnerungen knüpfen".[55] Künstlerisch bedeutende Bindeglieder zwischen Romantik und Biedermeier waren Friedrich Loos, Friedrich Gauermann, Rudolf Alt, Thomas Ender und der in Aigen ansässige Johann Fischbach, der sich einen Ruf als „Stimmungsmaler der Stadt, die er in ihre Umgebung lyrisch einzubetten verstand", erwarb.[56] Fischbachs Kunst der Landschaftsdarstellung fand darüber hinaus durch das neue Medium des Stahlstichs überregionale Verbreitung. Im Verlag des aus Venedig nach Salzburg zugewanderten Kunsthändler Gregorio Baldi erschien 1849 unter dem Titel „Malerische Ansichten der Stadt Salzburg" eine Kollektion von Stahlstichen, die, ebenso wie das wenig später vom Verlag J. Schoen herausgegebene und von Fischbachs lokalem Konkurrenten Georg Pezolt gezeichnete Prachtwerk „Salzburg und seine Angraenzungen", die stetig wachsende Nachfrage nach Salzburg-Ansichten befriedigten.[57]

...und der Blick in die Gegenrichtung mit der Vorstadt Stein und Mülln im Bildgrund.

Am Ende der Biedermeierära war das Bild der „Schönen Stadt“ Salzburg im Bewusstsein einer überregionalen bildungsbürgerlichen Öffentlichkeit bereits fest verankert. Im Nachhinein gesehen hatten sich die Maler gleichsam als „Locationhunter des zukünftigen Tourismus“ betätigt, deren Bilder sich nun zu tourismustauglichen Images verfestigten, die „von einer Stafette moderner Medien [...] vom Faltpanorama bis zum Souvenirglas mit aufgemalter Vedute“ weitergetragen wurden.[58]

Erfolgreichster Propagandist Salzburgs war Johann Michael Sattler, der – angeblich auf Anregung von Kaiser Franz I. – gemeinsam mit den Wiener Malern Friedrich Loos und Johann Schindler ein monumentales Panorama der Stadt und der sie umgebenden Landschaft anfertigte. Sattler stellte das Panorama auf jahrelangen Rundreisen (1829 bis 1839) in fast allen größeren Städten Europas aus, was – so kann man vermuten – Salzburgs Ruf als attraktives Reiseziel mehr als alles andere festigte.[59] Sattler war sich seiner Verdienste um Salzburg stets bewusst. Nach Rückkehr in seine Heimatstadt richtete er folgenden Gruß an seine Mitbürger: „Nun, Hochverehrte! Ist das Bild Ihrer Vaterstadt und Ihrer Umgebung in seine Heimat unversehrt und glorreich zurückgekehrt – das Bild der Stadt und der Landschaft“, welche von vielen Reisenden „als der schönste Punkt der Erde geschildert wird; ein wahres Paradies, in welchem gemütlich zu wandern Sie so glücklich sind und darum von Millionen beneidet werden.“[60]

Erfolgreichster Propagandist Salzburgs war Johann Michael Sattler, der gemeinsam mit den Wiener Malern Friedrich Loos und Johann Schindler ein monumentales Panorama der Stadt und der sie umgebenden Landschaft anfertigte. Sattler stellte das 1829 fertiggestellte Panorama auf jahrelangen Rundreisen in fast allen größeren Städten Europas aus.

Neue Formen der Landschaftswahrnehmung zogen unter dem Einfluss des Tourismus regelmäßig eine „Verdünnung und Popularisierung von Leitmotiven", also den „Übergang von der ästhetischen Erfahrung zum sozialen Muster" nach sich.[61] „Natur" und „Geschichte" gaben von nun an nur noch den Rahmen ab für die standardisierten touristischen Leitbilder des bürgerlichen Zeitalters. Die Reisenden beschränkten ihre Wahrnehmung auf einige wenige Teilbereiche des „Fremden". Reisen war nunmehr Vergnügen und diente nicht mehr vorrangig als Medium der Welterfahrung. Der touristische Blick reduzierte das „Fremde" vielmehr auf seine reizauslösende Funktion, so dass es letztlich nur noch „als schönes, kurioses, exotisches, wichtiges oder in irgendeiner anderen Form als ‚merkwürdig' ausgezeichnetes Detail" in Erscheinung trat.[62] Auch im Salzburgtourismus fand diese Einengung der Perspektive statt. „Man kommt nach Salzburg", schrieb der Reiseschriftsteller Johann Georg Kohl bereits 1842, „um seine wollüstigen Reisetriebe, seine Schaulust und Neugierde zu büßen".[63]

Die große Mehrheit der Fremden folgte den in Reisehandbüchern und -führern vorgezeichneten Pfaden und wusste somit im vorhinein, was sie in Salzburg erwartete. Vor allem die handlichen Reiseführer von Murray, Baedeker oder Meyer, die den Touristen des bürgerlichen Zeitalters nicht nur mit praktischen Reiseanleitungen versorgten, sondern durch bildhafte Beschreibungen die Auswahl der Destinationen beeinflussten, trugen schon frühzeitig zur Verfestigung des Mythos der „Schönen Stadt" bei. Murrays „Handbook for Travellers in Southern Germany" von 1840 schwelgte in Superlativen: „It is impossible to give in a verbal description any satisfactory idea of the romantic beauties of the surrounding district: it is hardly possible to exaggerate them. Salzburg is allowed by common consent to be the most beautiful spot in Germany; and many travellers will not hesitate to prefer the scenery of the surrounding mountains, lakes and valleys, to the finest parts of Switzerland."[64] Auch Baedekers „Handbuch für Reisende

in Deutschland und dem Österreichischen Kaiserstaate" warb für Salzburgs „so reizende, unvergleichliche Lage", mit der sich „keine deutsche Stadt" messen könne.[65]

Um die Mitte des 19. Jahrhunderts zählten Salzburg und seine Umgebung zu den populärsten Landschaften des Alpenraums und darüber hinaus ganz Mitteleuropas. Die Transformation der zu Beginn des Jahrhunderts in romantischen deutschen Künstlerkreisen imaginierten Vision eines idealen naturräumlich-städtebaulichen Ensembles zum touristisch vermarktbaren Bild der „Schönen Stadt" war vollzogen. Nicht mehr die Annäherung von Mensch und Natur war jetzt das vorrangige Anliegen, sondern die Befriedigung des Geschmacks eines reiselustigen internationalen Publikums. Auch für Salzburg gilt, was Wolfgang Kos am Beispiel des Semmering aufgezeigt hat: „Über Jahrzehnte reichende Stafetten von Bild- und Wortfloskeln" schleifen eine Landschaft langsam zurecht und machen sie letztlich unverwechselbar.[66]

Der Anteil der Salzburger an der Ausformung des Mythos der „Schönen Stadt" war gering. Angesichts der sozialen und ökonomischen Stagnation des städtischen Gemeinwesens verlief seine Einpflanzung in die Salzburger Szenerie nur schleppend. Während die gebildete Welt die Reize der rückständigen Kleinstadt längst lieben gelernt hatte, träumte die regionale fortschrittsgläubige Elite ganz unromantisch von Stadterweiterung und Modernisierung. Als dann seit den frühen 1860er Jahren die politischen Rahmenbedingungen eine autonome Gestaltung der kommunalen Entwicklung ermöglichten, nahm das liberale Bürgertum im Rahmen der Stadterweiterung die radikale Umgestaltung des barocken Stadtbildes ohne zu zögern in Angriff. In Abkehr von der romantischen Vision der „Schönen Stadt" schuf sich die kommunale Elite ein neues „Raumbild", das geprägt war von der Entwicklungsutopie eines verkehrs- und wirtschaftsgerechten, hygienischen und darüber hinaus mit ausreichend Wohnraum ausgestatteten städti-

schen Gemeinwesens.[67] Erwartungsvoll sahen die Bürger das „alte, ehrwürdige, schlichte Salzburg [...] seinem Modernisierungsprozesse" entgegenreifen: „vieles Morsche und Modrige wird zusammenfallen, durch Neues ersetzt werden".[68] Binnen weniger Jahre werde – prophezeite die „Salzburger Zeitung" 1860 – das Bild der Stadt durch „freundliche Wohnhäuser des modernsten Styls", gepflegte Straßen, „Hotels, Badeanstalten und Speditionsbüros", aber auch durch „Rauchsäulen der Fabriken und industriellen Etablissements" geprägt sein.[69]

Zum ersten Mal formierte sich aber auch eine Opposition gegen den fortschrittsgläubigen Optimismus der kommunalen Elite und die in seinem Geist vollzogenen Eingriffe in die historische Substanz der Stadt. War es zunächst der Maler und Gemeinderat Josef Mayburger beinahe allein, der mit scharfer Zunge gegen die in verschiedenen Stadterweiterungsplänen projektierte radikale Zerstörung des überkommenen Stadtbildes ankämpfte,[70] so stießen Entfestigung und Stadterweiterung in den folgenden Jahrzehnten auf heftigen Widerstand breiter bildungsbürgerlicher Kreise. Diese hatten sich im 1862 gegründeten „Stadtverschönerungs-Comité" mit der Zielsetzung zusammengefunden, die Schönheiten Salzburgs zu pflegen und der Nachwelt zu erhalten.[71] Auch Georg Pezolt, ebenfalls Maler, warnte vor allen großstädtischen Ambitionen, denn: „Salzburgs unvergleichliche Anziehungskraft liegt einzig nur allein darin, daß es trotz seiner imponierenden Bauten ein niedliches, gemüthli-

Hubert Sattler hat im Abstand von 35 Jahren diese zwei in der Perspektive fast identischen Winteransichten der Altstadt gemalt. In jener von 1840 ragen aus dem horizontal gelagerten Block der Bürgerhäuser die barocken Türme und Kuppeln. Die menschenleere Szenerie der in eisiger Kälte erstarrten alten Stadt vermittelt gleichsam einen Eindruck von der gesellschaftlichen Erstarrung im österreichischen Vormärz (S. 30). 1875 zeigt Sattler die Silhouette der Altstadt nach dem ersten Jahrzehnt der Stadterweiterung. Die neuen Uferpromenaden an der regulierten Salzach sind von Passanten bevölkert und die k.u.k. Staatsrealschule am Salzachkai – ein Prestigebau der liberalen Kommunalverwaltung – drängt sich unübersehbar in den Vordergrund (oben).

Mit Karl Freiherr von Schwarz, dem Erbauer der Kaiserin-Elisabeth-Bahn, begann in Salzburg die Ära des Wirtschaftsliberalismus. Der aus Böhmen stammende Unternehmer wollte die schöne, aber rückständige Stadt in eine wirtschaftlich prosperierende „Saisonstadt" mit breiten Boulevards, Kais, noblen Hotels und Villen verwandeln. Dank der Eisenbahn konnten aristokratische und wohlhabende bürgerliche Kreise seit den 1860er Jahren bequem an die Salzach reisen. Nun wurden nicht mehr die Bilder ausgeführt, sondern die Reisenden, die das Bild der Stadt genießen wollen, in sie hereingeführt.

ches Weichbild der Kleinstadt im großartigen Naturrahmen in mannigfaltigem Profile so lieblich entfaltet".[72] Angesichts der drohenden Demolierung des Klausentors kam es erstmals zu einer internationalen Solidaritätsaktion für die Bewahrung des „herrlichen Zusammenklangs von Natur und Kunst" in der Salzachstadt. Der Präsident des „Deutschen Künstlertages", der im September 1862 in Salzburg tagte, appellierte an die Salzburger: „Das Klausenthor, dem zunächst Gefahr droht, muß der Fels sein, an welchem die Anschläge zerschellen."[73]

An der Spitze jener „Modernisierer", welche die rückständige „Schöne Stadt" in eine wirtschaftlich prosperierende „Saisonstadt" verwandeln wollten, stand der Bauunternehmer Karl (seit 1868 „von") Schwarz.[74] Obwohl sich das unmittelbare Engagement von Schwarz nur auf die erste Planungsphase der Stadterweiterung zwischen 1861 und 1866 beschränkte, prägte sein Gestaltungswille die gründerzeitliche Stadtentwicklung und damit die Ausformung des modernen Stadtbildes nachhaltig. Sein „Plan für die Erweiterung der Stadt Salzburg" war nicht nur Grundlage für die Verbauung des durch die Entfestigung gewonnen Terrains, sondern gab darüber hinaus die Konturen der zukünftigen baulichen Erweiterung der rechten Altstadt bis hin zum Bahnhofsareal vor.

Wie sehr sich der seit der gründerzeitlichen Stadterweiterung virulente Gegensatz zwischen „Bewahrern" und „Erneuerern" auch als Kampf um die Durchsetzung neuer Raumbilder interpretieren lässt, zeigte sich vor allem in Verkehrsfragen. In der Planungsdiskussion wurde auf die „Erhaltung des historischen Charakters der Stadt" vordergründig zwar großer Wert gelegt, de facto sollten jedoch nach Meinung sowohl der Stadtverwaltung wie auch der meisten Kommunalpolitiker „alte historische Bauten dann demoliert werden, wenn es die unbedingte Notwendigkeit aus Verkehrsrücksichten" nahe legte.[75] Unter jenen Baulichkeiten, die zwischen 1890 und 1914 „aus Verkehrsrücksichten" zerstört wurden,[76] befand sich auch das Linzer- oder Sebastianstor.[77] Die Abrissbefürworter diffamierten das alte Tor gleichsam als bauliches Relikt feudaler Unterdrückung und machten damit klar, dass die Demolierung des Bauwerks für sie nicht nur ein funktionaler Akt war, sondern gleichsam eine symbolische Bildzerstörung, die dem Konzept einer modernen Stadt zum Durchbruch verhelfen sollte: „Zerfallen müssen die alten trotzigen Thürme, Mauern und Thore, um neuen frischen Gebilden Platz zu machen. Schon ist Salzburg fast überall von diesen Ketten befreit und konnte Dank der Schleifung der Festungswerke blühen und gedeihen."[78]

Wie immer bei der Ausformung neuer „Raumbilder" identifizierten auch die Initiatoren der Salzburger Stadterweiterung „die Materialität des Räumlichen" mit einem neuen „Konzept des richtigen Lebens".[79] Für die Generation der gründerzeitlichen Stadt-

Der Wiener Landschafts- und Architekturmaler Jakob von Alt hielt sich zwischen 1827 und 1899 mindestens dreißig Mal in Salzburg auf. Das Aquarell „Blick auf Salzburg“ (1869) entstammt Alts mittlerer Schaffensperiode.

erweiterung standen die baulichen Eingriffe in das malerische Stadtbild im übrigen keineswegs im Widerspruch zur romantischen Vision von der „Schönen Stadt“. Ganz im Gegenteil! Stadtbeschreibungen und Reiseführer dieser Ära bewerteten die Stadterweiterung vielmehr als ästhetischen Gewinn, denn die Bauart der alten Stadtteile habe sich „mit den modernen Erweiterungsbauten, den wohlgepflegten öffentlichen Gärten, den ruhigen und schattigen Quais in glücklichster Form vermählt“.[80] Vielleicht ist es kein Zufall, dass gerade in dieser Zeit einer umfassenden Modernisierung des städtischen Gemeinwesens sowie tiefgreifender Veränderungen auf gesamtstaatlicher Ebene jenes Schlagwort in der Öffentlichkeit auftauchte, das Salzburg und seine Umgebung von nun an mit der Autorität des weltberühmten Gelehrten Alexander von Humboldt gleichsam in den Rang eines Weltkulturdenkmals emporhob. In dem 1870 erschienenen „Führer durch Salzburg und seine Umgebungen“ findet sich zum ersten Mal der angebliche Ausspruch Alexander von Humboldts: „Die Gegenden von Salzburg, Neapel und Constantinopel halte ich für die schönsten der Erde.“[81] Obwohl die Authentizität des Humboldtwortes nie nachgewiesen wurde, stieg dieses binnen Kurzem zum bis heute meistzitierten Salzburglob auf.

Dank Humboldt verfestigte sich Salzburgs Image als „Schöne Stadt“ im Weltmaßstab.[82] Die aufstrebende „Saisonstadt“ warb von nun an höchst erfolgreich mit dem Namen des renommierten Naturforschers und Reisenden. Auch vor dem Hintergrund der politischen Veränderungen erwies sich das Humboldtwort als überaus nützlich. War es bis zur Gründung des Zweiten deutschen Kaiserreichs üblich gewesen, die „Gegend von Salzburg“ bzw. die Stadt als „schönste“ Gegend oder Stadt Deutschlands (mitunter auch nur als „eine der schönsten“ Gegenden oder Städte Deutschlands) zu bezeichnen, so bot die Einreihung Salzburgs unter die weltschönsten Gegenden einen vollwertigen Ersatz für den Verlust der gesamtdeutschen Perspektive. Für Baedekers Reiseführer blieb Salzburg zwar vorerst noch eine „deutsche Stadt“, während sich in Meyers Reisebüchern in den 1890er Jahren bereits die Formulierung „schönstgelegene Stadt Österreichs“ findet.[83] Die Salzburger Tourismuswerbung bevorzugte dagegen Humboldts Salzburglob.[84] Seit mehr als hundert Jahren prägt dieses nicht authentische Zitat das Image Salzburgs als „Schöner Stadt“ in der ganzen Welt.

„DEUTSCHES ROM“

Umstrittene „Italianità“ des Stadtbildes

Bis in die Gegenwart preisen Reiseführer und Stadtbeschreibungen die Stadt als „deutsches Rom“,[85] ein Ehrentitel, auf den im übrigen auch Bamberg, Erfurt, Fulda und vor allem München Anspruch erheben. Städtenamen wie „Elbflorenz“ (Dresden) oder „Spreeathen“ (Berlin) sind ebenfalls Ausdruck einer nördlich der Alpen weit verbreiteten „Sehnsucht nach mediterraner Lebensart und Gestaltung“.[86] Dem heutigen Besucher erschließt sich die angebliche „Italianità“ von Salzburgs Kirchen und Bürgerhäusern allerdings ohne kunsthistorische Vorkenntnisse nicht so ohne weiteres. Als ein bekannter Schauspieler „endlich wissen“ wollte, „was denn italienisch sei an dieser österreichischen Stadt“, bedurfte es immerhin der einfühlsamen Stadtführung durch den kunstsinnigen früheren Festspielpräsidenten, um den Künstler vom prägenden Einfluss italienischer Architekturvorbilder im Stadtbild zu überzeugen.[87]

Die Bezeichnung Salzburgs als „Rom des Nordens“ scheint erstmals 1699 in einem Schreiben des Architekten Giovanni Gaspare Zucalli auf und dient seitdem in verschiedenen Variationen zur Charakterisierung der urbanistischen Neugestaltung Salzburgs im barocken Geiste.[88] Der Vergleich mit Rom drückt aus, dass in der erzbischöflichen Residenzstadt nicht die profanen Monumente des höfischen Absolutismus dominieren, sondern – wie auch in anderen bedeutenden Zentren der Gegenreformation – „Kuppeln und Türme der Kirchen sowie die Marien- und Dreifaltigkeitssäulen“.[89] Der ideologische Hintergrund dieser religiös-absolutistischen Architekturpolitik verlor im Laufe des 18. Jahrhunderts zwar seine Aktualität. Die baulichen Zeugnisse der „landesfürstlichen Repräsentation und kultischen Stadtplanung“[90] im Zeitalter des Barock forderten spätere Generationen aber stets aufs neue zur Stellungnahme heraus.

Spätestens seit dem Zeitalter der Romantik standen die barocke Szenerie und der „italienische Charakter“ des Salzburger Stadtbilds im Widerstreit der Meinungen. Die Auseinandersetzung um den angeblich „italienischen Charakter“ des Stadtbil-

Sebastian Stiefs um 1860 für die bischöfliche Residenz im nazarenischen Stil geschaffenes Wandbild über „Die Ankunft des hl. Rupert im zerstörten Iuvavum" beschwört farbenfroh und frömmelnd die katholische Durchwirktheit des Salzburger Erdbodens. Die bis in unsere Tage tradierte Legende, der aus Franken stammende Bischof Hruodpert habe nach dem Sturm der Völkerwanderung alles Römische hinweggefegt und auf den verödeten Resten Juvavums seine neue Kirche errichtet, stammt just aus der Zeit des aufkeimenden politischen Katholizismus und wurde ins Mythische verklärt.

des steht von Anbeginn an im Kontext eines aus dem Historismus herausgewachsenen Geschichtsverständnisses, das den Menschen und seine Werke als Ergebnis historischer Prozesse interpretiert. Indem die Erkenntnis der Gegenwart auf die der Geschichte angewiesen war, forderte das nach übereinstimmender Meinung außergewöhnliche Bild der Stadt den Betrachter zwangsläufig dazu auf, der „steingewordenen Geschichte" Salzburgs gegenüber Position zu beziehen. Salzburgs Besucher bewerteten das bauliche Erscheinungsbild jedoch vor dem Hintergrund ihrer persönlichen und kollektiven Identität oder bereits beeinflusst von vorgeformten Geschichtsbildern. Salzburgs tatsächliche Geschichte spielte dem gegenüber nur eine untergeordnete Rolle. Ob das Stadtbild nun als „italienisch" oder „deutsch", als von geistlichen Fürsten oder vom städtischen Bürgertum geprägt erschien, ob der Baustil des Barock hoch oder gering bewertet wurde, war zumeist weniger Ergebnis wissenschaftlicher Analyse als Ausfluss des jeweiligen Zeitgeistes. Dasselbe gilt im übrigen auch für das Verhältnis der Einheimischen zur Salzburger Geschichte. Während das junge Landesbewusstsein des gebildeten Bürgertums weitgehend ohne Bezugnahme auf die kirchlichen Traditionen des früheren Erzstifts auskam, identifizierte sich die klerikal-konservative Facette des Landespatriotismus demonstrativ mit dem zuvor wenig populären Rupert-Mythos.[91] Sebastian Stiefs um 1860 für das erzbischöfliche Palais im nazarenischen Stil geschaffene Wandbilder über „Die Ankunft des hl. Rupert im zerstörten Iuvavum" sowie die „Erbauung des ersten Doms durch den hl. Virgil" sind somit Ausdruck eines unbefangen positiven Bekenntnisses zu den alten Gründungslegenden des geistlichen Staatswesens und damit auch zum kirchlich geprägten Ambiente des Salzburger Stadtbildes.

Seit der Mitte des 18. Jahrhundert registrierte eine immer zahlreicher nach Salzburg strömende Schar von Besuchern die „Merkwürdigkeit" des von einer Vielzahl von geistlichen Bauwerken und durch die Dominanz des barocken Baustils geprägten Stadtbildes. Der Hinweis auf das italienische Erscheinungsbild der Stadt wurde nun zum obligatorischen Bestandteil fast jeder Stadtbeschreibung. Johann Kaspar Riesbeck etwa, der von 1777 bis 1779 in Salzburg weilte, wies in seinen „Briefen eines reisenden Franzosen" darauf hin, dass die flachen Dächer der Häuser sowie „mehrere vortreffliche Gebäude und Statuen [...] einen erinnern, dass man nicht weit von den italienischen Grenzen entfernt ist".[92] Auch Franz Michael Vierthaler rühmte 1799 die „schöne romantische Lage der Stadt", in der „man glaubt, sich nach Italien versetzt zu sehen. Denn die meisten Kirchen, Klöster und Paläste verrathen Italienischen Styl und Geist".[93] Die Empfindungen beim Anblick der barocken Stadt waren jedoch durchaus ambivalent. Italiensehnsucht und Vorbehalte gegen das „welsche" Ambiente der Bischofsstadt standen miteinander im Widerstreit. Im „deutschen

Rom", wie es Schultes 1804 nannte, falle „ein gewisser pfäffischer Ton" auf.[94] Der protestantische Siebenbürger Sachse Stephan Joseph Roth wiederum bemängelte 1815, dass die italienische Bauart von Salzburg kein Satteldach kenne. Einem Fremden, der daran nicht gewöhnt sei, mische sich folglich „selbst beim Anblick des schönsten Gebäudes etwas Widerliches, Fremdes" ein.[95]

Das Barock galt als Stilrichtung einer gottlob überwundenen Epoche. Kirchen und Paläste der Fürstenstadt stießen daher nicht selten auf Unverständnis. Vor allem am Dom, dem herausragenden Bauwerk des barocken Ensembles, schieden sich die Geister. Zwar imponierten dessen Größe und Pracht, die architektonische Konzeption hinterließ jedoch einen zwiespältigen Eindruck. Während der Katholik Franz Schubert ein „himmlisches Gebäude, nach dem Muster der Peterskirche in Rom"[96] vor sich sah, fand August Graf Platen, dass der Dom „nicht die mindeste Sehnsucht nach Rom" errege, „um das Original zu sehen".[97] Auch der Engländer Turnbull beschrieb, wie viele andere Betrachter, die Kathedrale „ohne alle äußere Schönheit".[98] Die übrigen im „modernen italienischen Styl" erbauten Kirchen Salzburgs fanden ebenfalls kaum Anerkennung. Fischer von Erlachs Kollegienkirche verrate – so Mathias Koch – „das Gepräge der künstlichen Zusammensetzung" sogar „noch deutlicher" als der Dom.[99] Platen bezeichnete sie unumwunden als „recht eigentlich geschmacklos". Denn: „Welche Fülle von Leerheit spricht aus einer solchen Architektur."[100]

Diese radikale Ablehnung von Kunst und Kultur des Barock stand bei vielen Salzburgbesuchern in Kontrast zur romantischen Verehrung des Mittelalters, aus der eine ausgeprägte Vorliebe für den „altdeutschen Styl" erwuchs. Die Stiftskirche von St. Peter, die Margarethenkapelle, die Franziskanerkirche sowie vor allem die Kirche von Stift Nonnberg galten als die herausragenden sakralen Bauwerke Salzburgs. In dieser romantischen Grunddisposition gestaltete sich insbesondere der Besuch des vormals wenig beachteten St. Petersfriedhofs zu einem Ereignis.[101]

Nach der Jahrhundertmitte steigerte sich die Geringschätzung der barocken Architektur bei einigen Autoren bis zur gänzlichen Abwertung einzelner Baudenkmäler. Unter den Vorzeichen des Kulturkampfs zwischen katholischer Kirche und liberalem Zeitgeist diffamierte etwa Adolph Bühlers vielgelesener „Historisch-topographischer Führer durch die Stadt und ihre Umgebung" von 1873 die Kollegienkirche als typisches Beispiel des „gedankenmüde(n), auf das ‚Opfer des gesunden Menschenverstandes' gegründete(n) ‚Jesuitenstyl(s)'".[102]

Aus deutschnationaler Perspektive wiederum war der künstlerische Einfluss Italiens auf die Gestaltung des Salzburger Stadtbildes nur schwer mit dem Ziel nationaler Traditionsstiftung verein-

Mit dem Aufstieg des bürgerlichen Tourismus entstand ein wachsender Markt für Ansichten, Veduten und Stahlstiche. Kaum eine andere Stadt dieser Größenordnung erfreute sich um die Mitte des 19. Jahrhunderts als Motiv einer ähnlichen Beliebtheit wie Salzburg. Friedrich Würthle, von dem diese Stadtansicht (1866) stammt, wandte sich später dem neuen Medium der Fotographie zu.

Der Münchner Maler Wilhelm Lichtenheld war spezialisiert auf spätromantische Landschaften bei nächtlicher Beleuchtung. Seine „Mondnacht über Salzburg“ (1873) bildet den Kontrapunkt zum gleißenden Kunstlicht, das bald zum Signum der ruhe- und rastlosen Metropolen werden sollte. Wenn hier die Beschaulichkeit des Kleinstadtidylls zur nächtlichen Stunde ein wenig ins Unheimliche kippt, entsprach dies durchaus der damaligen Vorliebe für das „Schaurige“.

bar. „National“ gesinnte Autoren der zweiten Hälfte des 19. Jahrhunderts tendierten zu einer offenen oder zumindest latenten Abwertung des barocken Ambientes. Einer der renommiertesten unter ihnen war der Geograph und Historiker Eduard Richter, dessen Salzburg-Beschreibungen sich unter anderem in den großen historisch-ethnographischen Sammelwerken der späten Habsburgermonarchie finden. Im Salzburgband der Reihe „Die Länder Österreich-Ungarns in Wort und Bild“ schreibt Richter, dass „der eigenthümliche, unvergleichliche, von keinem anderen Ort erreichte Reiz“ des Salzburger Stadtbildes aus der „Verbindung einer reichen, hier und da phantastischen Architektur mit der üppigsten, lachenden Vegetation und den romantischen Winkeln und Unregelmäßigkeiten alten Gemäuers und verwitterten Felsens“ resultiere.[103] „Hohe Häuser, enge Straßen, aber eine Menge von Kirchen und Thürmen, große freie Plätze“ vermittelten einen „Gesamteindruck, der sich von dem fast aller anderen deutschen Städte wesentlich“ unterscheide. „Überall herrschen die Formen der Baukunst des 17. Jahrhunderts, der späten Renaissance, vor“, und nur durch Abbildungen ließe sich von „dem eigenthümlich prunkhaften, südlichen, undeutschen Charakter dieses Stiles eine Vorstellung geben; die Feder vermag es nur schwer. Auch der Hausbau ist undeutsch“.[104] Zwiespältig ist auch Richters Bewertung einzelner barocker Bauwerke, wie etwa des Doms: „Weiträumigkeit und edles Maß sind die Charakterzüge dieses Baues, der freilich auch nicht im entferntesten an das romantisch-geheimnisvolle Wesen mittelalterlicher, gothischer oder romanischer Kirchen erinnert.“[105] Milder fällt lediglich das Urteil über den großen Nichtitaliener unter Salzburgs Barockbaumeistern aus: Fischer von Erlachs Kollegienkirche sei „sehr edel in den Verhältnissen und frei von überladenem Flitter, wie er sonst wohl Bauten aus dieser Zeit erniedrigt“.[106]

Noch Jahrzehnte später verwahrte sich Richter gegen die angebliche Italianità des Stadtbildes: „Man hört öfters sagen, Salzburg mache den Eindruck einer italienischen Stadt. Dieser Ausspruch wird sich schwer begründen lassen [...] alles dies ist so unitalienisch als nur möglich. Der Grund, weshalb Salzburg an Italien erinnern soll, kann nur darin liegen, dass es den Eindruck einer historischen Landschaft hervorbringt; einer Landschaft, an der seit Jahrhunderten zahllose Generationen von Menschen gebaut und gemodelt haben [...] Salzburg ist eine historische Stätte wie wenige in deutschen Landen, und da sein Wachsthum bis in die neueste Zeit ein langsames war, so hat es die Spuren dieser ehrwürdig langen Erinnerungsreihe bewahrt [...].“[107] Ein unterschwelliges nationales Sentiment kennzeichnete auch Benno Imendörffers Salzburger „Städtebild“ in der 1913 erschienenen „Illustrierten Volks- und Vaterlandskunde des Österreichischen Kaiserstaates“, einem speziell dem „Deutsch-Österreicher“, als dem „eigentliche(n) Österreicher par excellence“ gewidmeten Sammelwerk. Imendörffer leugnet zwar nicht, dass Salzburg sei-

Auf den Spuren seines persönlichen Freundes Camillo Sitte erforschte der Architekt Ferdinand von Feldegg mit der Kamera nicht nur die Bild-, sondern die Strukturqualität von Salzburgs Straßen und Plätzen. Sitte, erster Direktor der Salzburger Gewerbeschule, hatte die Stadt intensiv kennengelernt und in seinem bahnbrechenden Buch „Der Städtebau nach seinen künstlerischen Grundsätzen" das Platzensemble rund um den Dom als hervorragendes Beispiel der Stadtbaukunst dargestellt. Feldeggs Sammlung von Lichtdrucken, die 1909 unter dem Titel „Die Platz- und Straßenanlagen von Salzburg" erschien, gilt als erster fotografischer Kunstbildband über Salzburg.

nen baulichen Charakter „in erster Linie durch die Renaissance und durch das Barock" erhalten habe. Die „Stürme der Reformationszeit" hätten jedoch „den Faden der kunstgeschichtlichen Entwicklung des Stadtbildes" zerrissen: „Eine wahre Flut neuer Prunkbauten, vorwiegend weltlicher Natur, überschwemmte Salzburg."[108]

Diese provinziellen Ressentiments gegen das barocke Stadtbild wirkten schon vor der Jahrhundertwende reichlich antiquiert. Seit den 1890er Jahren entdeckten Denkmalschutz- und Heimatschutzbewegung angesichts der rasanten baulichen Umgestaltung zahlreicher Städte das „künstlerische Städtebild".[109] Der Prozess der „Bildwerdung" zog auch in Salzburg eine intensivere Beschäftigung mit der Altstadt, die nun erstmals in ihrer Ganzheit als Ensemble gesehen wurde, nach sich. Zum einen ging es ganz pragmatisch um die Abwehr von baulichen Eingriffen in das überlieferte Gefüge der Altstadt, wobei die Salzburger Auseinandersetzungen die gesamtösterreichische Denkmalschutzdiskussion maßgeblich beeinflussten.[110] Darüber hinaus zog der moderne „Denkmalkultus" auch eine „seelische Anteilnahme an den Denkmalen als Dokumenten der das Werden und Vergehen bestimmenden Entwicklungsgesetze" nach sich,[111] was letztlich dazu führte, das Stadtbild als Materialisation eines innewohnenden Wesens zu begreifen.[112]

Alois Riegl, um die Jahrhundertwende Österreichs bedeutendster Kunsthistoriker und Denkmalschützer, interpretierte aus diesem Geiste Salzburgs Italianità als keineswegs oberflächlich aufgesetztes Architekturprinzip, sondern als inneres Wesensmerkmal des Stadtorganismus: „Es handelt sich also in Salzburg [...] um eine verhältnismäßig schroffe, absichtliche Verpflanzung südlichen Wesens nach dem Norden, wofür eben in Salzburg die Bedingungen vorhanden gewesen sein müssen, wie sonst nirgends im gewesenen römischen Reiche deutscher Nation. [...] Während in Deutschtirol Italienisches und Deutsches unvermerkt ineinander übergeht, treten sie in Salzburg in schärferem Gegensatz nebeneinander auf: das Deutsche reiner, aber auch das Italienische reiner. Da wir aber das Deutsche von anderen Städten her gewöhnt sind, stößt uns vor allem das ungewohnte Italienische auf, und darum finden wir den italienischen Charakter im ganzen so vorherrschend."[113] Riegl sah den Italianismus nicht nur auf die Barockzeit beschränkt, fehle doch in Salzburg ein gotischer Dom, wie er bei den „halb oder ganz germanischen Völkern" Höhepunkt der künstlerischen Entwicklung im Mittelalter gewesen sei,[114] was ihn schließlich sogar zu Mutmaßungen über den Einfluss der „unleugbaren romanischen Beimischung in der Salzburger Bevölkerung" auf Salzburgs Stadtentwicklung veranlasste.[115]

Hermann Bahr, der Riegls Abhandlung als „die wichtigste Schrift über Salzburg"[116] bezeichnete, integrierte das Bild vom „Deutschen Rom" in seine hymnischen Stadtbeschreibungen: „Wer zum erstenmal nach Salzburg kommt und, aus Bayern einfahrend, von der Eisenbahnbrücke plötzlich die Stadt erblickt, glaubt auf einmal über alle Berge zu sein, und mitten in Italien! Der Eindruck hat noch jeden überwältigt: mit einem Mal scheint Deutschland weg, der ganze Süden tut sich auf." [117] Als dieser überschwängliche Italienbezug während des Ersten Weltkriegs vorübergehend nicht opportun erschien, entwarf Bahr statt dessen das Bild einer germanisch-romanischen Symbiose: „Von allen diesen Städten, wo deutscher Ernst, vom Südwind angehaucht, gleichsam zu tanzen beginnt, wo zur Schwere sich Anmut, Glanz zum Trotze gesellt, wo aus wogendem Chaos reingezogene Gestalten treten, ist Salzburg die schönste, keine stellt deutsche Kraft so zur romanischen Form durchdrungen dar, hier hat der germanische Geist Hochzeit mit der lateinischen Freude gemacht."[118] Einen letzten Höhepunkt sollte die ideologische Auseinandersetzung um den italienischen oder deutschen Charakter des Salzburger Stadtbildes – wie noch zu zeigen sein wird – in der NS-Zeit erreichen. Für den großen Spötter Thomas Bernhard schließlich war „Deutsches Rom" schlichtweg eine „herrliche Bezeichnung", denn „da ist ja alles drinnen. Rom, Kirche, deutsch, Nazi – alles. Eine wunderbare Mischung". [118a]

MOZART.

„MOZARTSTADT"

Die Geschichte einer Aneignung

Der Mythos von der „Schönen Stadt" war längst gefestigt, als Salzburg im späten Biedermeier zum Gedächtnisort für Wolfgang Amadeus Mozart aufstieg. Das von der romantischen Kunstauffassung stilisierte Bild der „Schönen Stadt" im schönen Land erfuhr nunmehr durch das Mozart-Motiv eine Erweiterung. Heute gilt Salzburg als „Mozartstadt" par excellence und zieht größten Nutzen aus der Popularität des Komponisten. Diese Einvernahme Mozarts durch seine Geburtsstadt war in historischer Perspektive jedoch nicht selbstverständlich, sondern Ergebnis eines langwierigen und komplexen Aneignungs-Prozesses, der erst Jahrzehnte nach Mozarts Tod einsetzte und geprägt war durch ein Zusammenwirken lokaler Interessen und auswärtiger Einflüsse.

> Später hat man sich oft gefragt, wie diese Einvernahme des Komponisten gelingen konnte. „Salzburg ist stolz darauf, die Mozartstadt zu heißen. Mit welchem Recht aber eigentlich?", fragte bereits Hermann Bahr: „Mozart, aus einem Augsburger Geschlecht, ist allerdings in Salzburg geboren, hier aber so schlecht behandelt worden, dass er [...] fortan von seiner Heimat nichts mehr hören wollte. Mozart hat Salzburg nicht ausstehen können, er hatte nicht das Gefühl, seiner Stadt irgend etwas schuldig zu sein. Auch nach seinem Tode hat sie sich nicht eben glorreich gegen ihn benommen. 51 Jahre blieb er vergessen, erst 1842 wurde sein Denkmal gesetzt."[119]

Der Vorwurf des Vergessens trifft Salzburg nicht ganz zu unrecht. Zwar erschienen in den ersten Jahren nach Mozarts Tod 1791 einige Erinnerungsartikel in den Salzburger Zeitungen.[120] Im langen Zeitraum von 1798 und 1821 wurde Mozart in den Salzburger Blättern jedoch nicht erwähnt, obgleich gerade in dieser Epoche die internationale Rezeption seines Werks ein-

Verlag v. G. Baldi. gez. u. gest. v. Knacke

Mozarts Geburtshaus war seit den 1830er Jahren zu einem touristischen Anziehungspunkt geworden, vor dem, wie Benedikt Pillwein 1839 schreibt, „schon mehrere Fremde niederknieten". Unter Mozarts Verehrern häuften sich indes die kritischen Stimmen, weil keinerlei Hinweis auf die Attraktion aufmerksam machte. Als der Kaufmann Thury 1840 sein Haus neu verputzen und bei dieser Gelegenheit mit der Aufschrift „Mozarts Geburtshaus" versehen ließ, hatte die Mozartverehrung endlich einen „Ort". Bald darauf konnte auch die Wohnung der Mozarts im dritten Stock besichtigt werden.

setzte.[121] Vor 1830 war Mozart weder für die Einwohner noch für die Besucher Salzburgs ein Thema. Wenn schon, dann war Salzburg zu dieser Zeit ein Gedächtnisort für Theophrastus Paracelsus. Sein Grabmal im St. Sebastians-Friedhof und das Wohnhaus in der Linzergasse stellten fixe Bestandteile jeder Stadtbesichtigung dar.[122] Besondere Verehrung genoss auch der 1806 verstorbene Hof- und Domorganist Michael Haydn.[123] An seinem Grabmonument in der Stiftskirche von St. Peter gedachte Franz Schubert 1825 des damals berühmten, heute jedoch fast vergessenen „Salzburger Haydns".[124] Mozart, sein großes Vorbild, erwähnte Schubert dagegen nicht, was darauf schließen lässt, dass ihm dessen Bezug zu Salzburg nicht bewusst war.

Erst nach Jahrzehnten des kollektiven Vergessens setzte in den 1830er Jahren die Implantation eines Mozart-Kultes ein, wobei der Ort die Erinnerung ebenso reaktivierte wie die Erinnerung den Ort.[125] Die schrittweise Aneignung Mozarts durch Salzburg lässt sich aus zeitgenössischen Reiseberichten ablesen. Als erste Mozarttouristen gelten Vincent und Mary Novello. Das englische Ehepaar besuchte 1829 im Verlauf seiner „Mozart Pilgrimage" Schwester Nannerl und Witwe Constanze, die sich beide in Salzburg niedergelassen hatten. Aber erst Mitte der 1830er Jahren häuften sich kritische Bemerkungen darüber, dass bis jetzt noch „keine Inschrift, keine Büste, keinerlei Denkmal die Aufmerksamkeit des Vorübergehenden" auf Mozarts Geburtshaus lenke.[126] Die Verehrer des Komponisten müssten sich bei ihrer Spurensuche mit dem „sanften Schauer" begnügen, der sie im Durchgang von Altem Markt zur Getreidegasse „durchrieselte", und „der nicht von der Zugluft herkam".[127] In Pillweins topographisch-statistischer Beschreibung des Herzogtums Salzburg von 1839 ist Mozarts Geburtshaus schließlich bereits als Attraktion angeführt, als ein Gebäude „vor dem schon mehrere Fremde niederknieten".[128] Um 1840 ließ der Kaufmann Thury das Geburtshaus neu herabputzen und mit der Aufschrift „Mozarts Geburtshaus" versehen.[129] Angeblich hatte er bereits 1834 die Absicht geäußert, „vor demselben Mozarts eherne Büste in Bälde schauen lassen".[130] Seit ca. 1840 konnte erstmals auch die Wohnung der Mozarts im dritten Stock besichtigt werden, welche manche Besucher von nun an nicht „ohne eine Anwandlung von Scheu und Ehrfurcht betraten", wenngleich die Atmosphäre in diesen Räumen – wie viele Mozartverehrer schmerzlich empfanden – nach so langer Zeit keine unmittelbaren Gefühle mehr aufkommen ließ.[131] (Ähnlich enttäuscht äußern sich zahlreiche Besucher auch heute!)

Mozarts Geburtshaus befriedigte das zeittypische Bedürfnis zur Monumentalisierung hehrer Ideale nur in geringem Ausmaß. Entscheidend für den Aufstieg Salzburgs zum Gedächtnisort für Mozart erwies sich vielmehr der Mitte der 1830er Jahre von einer kleinen Gruppe von Salzburger Bildungsbürgern gefasste Entschluss, Mozarts Andenken durch Errichtung eines Denkmals

Mit der feierlichen Enthüllung des vom Münchner Bildhauer Ludwig Schwanthaler ausgeführten Mozartdenkmals im September 1842 hatte Salzburg der Reichshauptstadt Wien den Rang als „Mozartstadt" abgelaufen. Eine Darstellung des Denkmals durfte demnach auch in Johann Fischbachs „Malerischen Ansichten der Stadt Salzburg" (1848) nicht fehlen. Beim einfachen Volk stieß der „Mozart-Cultus" der bürgerlichen Oberschicht freilich auf Unverständnis. Anstoß erregte vor allem die Vertreibung der Statue des populären hl. Michael von dem bis dahin nach ihm benannten Platz, dem heutigen Mozart-Platz. Bis heute erhalten hat sich der Spruch:

„Michl marschier
der Mozart ist hier,
geh' umi übers Wasser
wasch' dem Gabler seine Fasser."

dauerhaft zu festigen. Wie vielfach in dieser Zeit ging es dabei um bürgerliche Selbstthematisierung durch „Invention of Tradition".[132] Aus der Perspektive des Bürgertums zählten nunmehr nicht nur Kronen, Revolutionen, Kriege, Helden und Herrscher zum symbolischen Haushalt der modernen Nationen, sondern vor allem auch die „Heroen der Kunst, der Literatur, der Musik, der Wissenschaft".[133]

In der Initiative zur Errichtung des Mozartdenkmals manifestierte sich nach Jahrzehnten fast völligen Stillstands des kulturellen und politischen Lebens in der Stadt Salzburg erstmals wieder eine zaghafte Regung bürgerlichen Selbstbewusstseins. Die Denkmalsidee stammte von Julius Schilling und Sigmund von Koflern, zwei erst seit kurzem in der Stadt ansässigen Schriftstellern. Diesen beiden gelang es zunächst, die alteingesessene bürgerliche „Museums-Gesellschaft" für dieses Vorhaben zu gewinnen.[134] Im Herbst 1836 konstituierte sich der Vorstand dieses Vereins zugleich auch als Komitee zur Errichtung einer Mozartstatue in Salzburg. Gegen den Willen der k. k. Behörden, welche die Einwilligung zur Errichtung des Denkmals nach Möglichkeit verzögerten,[135] solidarisierte sich das deutsche Ausland mit dem Salzburger Vorhaben und ermöglichte durch großzügige Spenden seine Ausführung.[136] Im Vergleich dazu sei – so der Wiener Schriftsteller Ludwig August Frankl – die Summe, die „Altösterreich, das damals völlig ‚vermusizierte' Wien, für die Errichtung der Bildsäule Mozarts beigesteuert habe", beschämend gering gewesen.[137] Der Erfolg, den Salzburgs Bürger mit der Enthüllung des Mozartdenkmals im September 1842 in Anwesenheit Tausender Festgäste aus dem ganzen deutschen Sprachraum feiern konnten,[138] stärkte das Selbstbewusstsein gegenüber dem Staat. Mit der feierlichen Enthüllung dieses ersten „historisch kulturellen Nationaldenkmals"[139] auf österreichischem Boden – darüber hinaus des ersten nicht für einen oder von einem Monarchen errichteten Denkmals im österreichischen Kaiserstaat[140] – hatte Salzburg außerdem der Reichshauptstadt Wien den Rang als „Mozartstadt" abgelaufen.[141] Die Vermarktung des Namens Mozart setzte im übrigen bereits im Umfeld der Denkmalsenthüllung ein: „An den Kaufläden sah man Mozartbüsten, Mozartsmodeln, Mozartspfeifen, Mozartsstatuetten etc. in Mengen zu Verkauf ausgestellt. In den Gasthäusern fand man sogar Mozartszimmer, Mozartsbrot, Mozartsweine – alles wurde auf den Namen Mozart getauft, den man täglich unzählige Male und allüberall ertönen hörte, der das Losungswort dieser Tage war."[142]

Der absolutistische Staat zog sich – nachdem das Denkmalsprojekt eine unerwartete Eigendynamik entwickelt hatte – auf eine ambivalente Position zurück: die Eigenständigkeit des bürgerlichen Denkmalskultus war der vormärzlichen Obrigkeit zwar zutiefst suspekt. Zugleich wusste der habsburgische Staat es aber zu schätzen, dass sich das Werk Mozarts „als klingendes Symbol" einer österreichisch-vaterländischen Opposition gegen den von außen kommenden „Fortschritt“ anbot.[143] Die Aufnahme der schwülstigen Festhymne „Österreich“ des damals gefeierten vaterländischen Dichters und Kirchenfürsten Ladislaus Pyrker in das Festprogramm der Denkmalsfeier von 1842 lässt sich demnach als Kompromissgeste des liberal und deutschnational gesinnten Bürgertums gegenüber dem österreichischen Staat interpretieren: [144]

Und ha, wie hat, so lieb und werth,
Im holden Reich der Töne,
Die Huld des Himmels dir bescheert,
die auserwählten Söhne?
Dein Mozart, Haydn, für und für,
Vor aller Welt zur Zierde dir!
Auch laßt uns Schubert preisen
Ob seiner Zauberweisen.
Hoch, Österreich, hoch,
Es lebe hoch.

Welche Welten noch um 1840 zwischen den kulturellen Bestrebungen des städtischen Bürgertums und den Vorstellungen des „gemeinen“ Volkes lagen, illustrieren die zahlreichen Anekdoten, die sich um die Errichtung des Mozart-Denkmals ranken. „Als sich in Salzburg das Mozartdenkmal erhob“, so berichtet uns der Wiener Publizist Matthias Koch, „sagten sich die Landleute, nun sei offenbar das Weltende nahe und der Antichrist gekommen, denn es geschehe bereits, wie in der Schrift steht, dass man Götzenbilder aufrichtet, sie nach heidnischer Weise anbetet und Umgänge zu ihnen anstellt. ‚Sie nennen die Statue Mozartstatue‘, sagten sie, ‚es ist aber nichts anderes als ein Götzenbild; wer wäre denn dieser Mozart‘“.[145] Anstoß erregten die ungewohnten kulturellen Aktivitäten vor allem wegen der Vertreibung der Statue des populären hl. Michael von dem nach ihm benannten Platz, dem heutigen Mozart-Platz. Frankl berichtet, welche Irritation die Umwertung dieses „heiligen Ortes“ in Teilen der Bevölkerung hervorrief: „Die Geistlichkeit protestierte in Salzburg gegen die Aufstellung der Statue auf einem Platze, wo die des heiligen Michael stand, und das war von ihrem Standpunkte aus nicht ganz unberechtigt. Dem Landvolke erschien aber Mozart tatsächlich als ein anderer Heiliger; es strömte herbei und kniete nieder und betete zum vermeintlichen heiligen Wolfgang, wie einst die Venezianer zum heiligen Marco, nachdem der Senat den früheren Schutzheiligen San Teodoro mittelst Dekret – versetzt hatte.“[146]

Die für die Salzburger Denkmalsinitiative kennzeichnende „Symbiose aus Bodenständigkeit und weltoffenem Heroenkult“ nimmt sich aus späterer Perspektive zwar „wie eine Vorwegnahme des Salzburger Festspielgedankens aus“, mündete zunächst aber in einen „skurrilen Provinzialismus“.[147] Immerhin wurde das Selbstbewusstsein des Salzburger Bürgertums gegenüber dem vormärzlichen Staat durch die Errichtung des Mozartdenkmals gestärkt, was wiederum zur Folge hatte, dass mit einiger Verspätung die zeittypische bürgerliche Vereinsleidenschaft auch in Salzburg ausbrach.[148] So kam es zeitgleich zu den Aktivitäten rund um das Mozartdenkmal zur Gründung des „Dom-Musik-Vereins", aus dem später sowohl die Musikhochschule als auch die Internationale Stiftung Mozarteum herauswachsen sollten, zwei Institutionen, die vielfache institutionelle Querverbindungen zur Geschichte der Salzburger Festspiele aufweisen.[149] Kulturelle Aktivitäten von überregionaler Bedeutung lassen sich in der nunmehrigen „Mozartstadt" Salzburg aber bis weit in die zweite Hälfte des 19. Jahrhunderts nicht nachweisen. Man war zwar stolz auf den „großen Sohn" der Stadt, seine Werke wurden hier jedoch kaum aufgeführt. Jahre nach der Denkmalsenthüllung meinte etwa die „Salzburger Zeitung", dass die Verehrer Mozarts in der Stadt denn doch nicht so gering wären, als „dass man es nicht wagen dürfte, auch in den Museumskonzerten manchmal eine Symphonie oder Ouverture unseres unsterblichen Tonmeisters dem Publikum vorzuführen".[150]

Unmittelbar spürbare Konsequenzen hatte die „Entdeckung" Mozarts für Salzburg jedoch auf den Fremdenverkehr. Bereits in den 1840er Jahren besuchten jährlich 50.000 bis 80.000 Fremde die kaum mehr als 16.000 Einwohner zählende Stadt, und Mozarts Denkmal sowie sein Geburtshaus zählten zum fixen Kanon der Sehenswürdigkeiten. Mit dem Anschluss an das Eisenbahnnetz 1860 und dem Beginn der Stadterweiterung erfolgte überdies der rasche Aufstieg Salzburgs zur „Saisonstadt".[151] Noch immer wurde die Stadt übrigens in Reisebeschreibungen und Fremdenführern zu den „schönsten Städten Deutschlands"[152] gezählt, eine Sicht, die durchaus in Einklang stand mit der nationalen Identität der liberalen städtischen Elite. Hatte sich Salzburgs Bürgertum schon anlässlich der bescheidenen Mozart-Zentenarfeier von 1856 um die Herstellung eines gesamtdeutschen Zusammenhangs bemüht, so entwickelte sich die Stadt in den frühen 1860er Jahren zu einem Zentrum großdeutscher Festkultur, die getragen war von der Hoffnung auf eine Einigung Deutschlands unter Einschluss Österreichs. Großartig inszeniert von Stadt und Bürgerschaft fand innerhalb weniger Jahre eine ganze Reihe von gesamtdeutschen Festen statt, wobei Fackelzüge zum Mozartdenkmal – nun auch ein „heiliger Ort" mit nationaler Integrationsfunktion – unverzichtbarer Bestandteil eines ausgefeilten Festrituals waren.[153]

Ab den 1870er Jahren flossen Sommerfrischentourismus und Mozartkult ineinander, was vor allem eine weitere Ausgestaltung Salzburgs als Erinnerungsraum für Mozart nach sich zog. 1882 erfolgte die Einrichtung eines Museums in Mozarts Geburtshaus in der Getreidegasse. Großer Beliebtheit bei den Touristen erfreute

Aufmärsche und Kundgebungen am Mozartdenkmal waren fixer Bestandteil des bürgerlichen Festrituals im 19. Jahrhundert. Rudolf von Freysaufs Lithografie zeigt die „Fahnen- und Gesangsfeier der Salzburger Liedertafel am 28. Mai 1849“.

sich nun auch das damals auf dem Kapuzinerberg situierte „Zauberflötenhäuschen“.[154] Unmittelbare Vorläufer der späteren Salzburger Festspiele waren die Mozart gewidmeten acht Salzburger Musikfeste, die von der „Internationalen Mozart-Stiftung“ (gegr. 1870) beziehungsweise von der „Internationalen Stiftung Mozarteum“ (gegr. 1880) zwischen 1877 und 1910 in unregelmäßigen Abständen veranstaltet wurden. Sie standen in der spezifischen Tradition bürgerlicher Musikkultur, wie sie sich im Vormärz herausgebildet hatte, und die getragen war von der optimistischen Überzeugung, „daß es an den Musikfesten gelinge, die Kunst ins Leben der Gegenwart einzubinden, Musik, Wirtschaft und technischen Fortschritt zu einer Art Gesamtkunstwerk zu vereinen“.[155] Stolz hieß es in einer Tourismusbroschüre der Jahrhundertwende: „Alle Elemente aber, uralte Vergangenheit und Naturschönheiten, Gastfreundschaft und Sinn für frohe Feste, wie ein Ort sie vereinigen kann, trugen dazu bei, die Stadt Salzburg zu einer Feststadt im wahrsten Sinne des Wortes [...] zu machen.“[156]

Tatsächlich verfügte die „Mozartstadt“ vor dem Ersten Weltkrieg aber noch über kein eigenständiges kulturelles Profil, denn es fehlten im „brav provinzlerischen, verschlafenen und verfressenen Touristenstädtchen“[157] all jene wirtschaftlichen, intellektuellen und künstlerischen Ressourcen, die in den urbanen Zentren die ästhetische Kultur beflügelten. Einige der ideellen Strömungen und organisatorischen Initiativen des späteren, durch die Festspielgründung von 1920 vollzogenen Aufstiegs zur kulturellen Metropole reichen in ihren Wurzeln jedoch weit in die Zeit vor 1914 zurück. Zum einen formierten sich auf regionaler Ebene jene bildungsbürgerlichen Kreise, die durch den Bau eines Festspielhauses eine kontinuierliche Abhaltung von Mozartfesten gewährleisten wollten, und zwar unter der Devise: „Wir schaffen ein österreichisches Bayreuth in Salzburg.“[158] Zum anderen wurde die „Schöne Stadt“ im Fin de Siècle zum Refugium einer großstadtmüden intellektuellen Elite, die hier einen naturgegeben Zusammenhang zwischen Mozarts Musik und dem Wesen der Stadt zu erkennen glaubte.

Literaten und bildende Künstler des Fin de Siècle beschworen in Wort und Bild den „unaussprechlichen Zauber" der Stadt, in der „Natur, ganz Geist geworden, Geist zu Stein" (Hermann Bahr). In Fritz Hegenbarts „Sommerabend" (um 1900) verbinden sich spätromantische Tradition und Jugendstil.

„STEINGEWORDENE MUSIK“

Die „Musikalisierung“ des Stadtbildes

Das Aufblühen des Salzburger „Mozart-Cultus“[159] wäre undenkbar gewesen ohne den Transfer kreativen kulturellen Potenzials aus der Reichshauptstadt Wien.[160] Vor allem aus der Perspektive jener intellektueller Zeitströmungen, die eine Abkehr von der Kultur der Metropolen und den Rückzug in die Idylle der Provinz zum Programm erhoben, schien Salzburg nunmehr als der ideale Ort für eine kulturkonservative Rückbesinnung. Aber auch die Vertreter der damals nicht nur unter Konservativen populären Heimatschutzbewegung sahen in bewusster Abgrenzung gegenüber der „gewaltsame(n) Art“ des modernen Städtebaus „alles Heil auf diesem Gebiet in den alten Städten“. Es gehe darum – so heißt es in einer Schrift über das Stadtbild von Salzburg – „an ihnen immer wieder zu lernen, in ihrer Schönheit zu schwelgen, ihre künstlerische Wesenheit in uns aufzunehmen und solchermaßen, vollgesogen von der Poesie der Vergangenheit, gestärkt und gerüstet mit ihr einzutreten ins moderne Leben [...]“.[161]

Der „Schönen Stadt“ wurde von nun an eine spezifische „Aura“ zugeschrieben. Darüber hinaus diente sie als „poetisches Modell“, an dessen Herstellung, Verbreitung und unablässig wiederholter Beschwörung sich neben Schriftstellern und bildenden Künstlern auch die Tourismuswirtschaft sowie Politiker und Ideologen jeglicher Provenienz beteiligten.[162] So vermeinte bereits der junge Hugo von Hofmannsthal die besondere Stimmung der Stadt zu verspüren, als er 1891 der Zentenarfeier von Mozarts 100. Todestag beiwohnte. Im Empfinden eines spezifischen Zusammenhangs von Architektur, Raum und Geist kündigte sich bereits die romantisierende Salzburgsicht des späteren Festspielbegründers an: „Über den vornehmen Stiegenhäusern, den manierierten Sandsteingruppen, den überornamentierten Gartenhäuschen liegt der Duft einer wirklichen Individualität. Dieser Duft weht aus Mo-

Cäcilia Pfaff-Bader, „Über die Stadtbrücke", 1902.

Genrebilder mit Szenen aus dem Alltag waren um die Jahrhundertwende ebenso beliebt wie Stadtansichten in düsterer Abendstimmung. (Oskar Graf: „Mülln", 1902).

zarts jugendlichen Singspielen." Dem abendlichen Flaneur erschien „die ganze Stadt mit leise vibrierender, unaufhörlicher Musik erfüllt, ein enges Theater mit der drückenden, aufregenden Menschenfülle, die wir Großstädter nicht mehr kennen". [163]

Salzburgs Image als „Schöne Stadt" erfuhr im Fin de Siècle insofern eine neuromantische Überhöhung, als Literaten und Schriftsteller, Maler und Graphiker gerade hier eine einzigartige Symbiose von Landschaft, Architektur *und* Musik zu erkennen glaubten. Maßgeblichen Anteil an der Ausformung und Verbreitung dieses neuen Salzburg-Mythos hatte Hermann Bahr, der das überkommene romantisch-landschaftsbezogene Bild der „Schönen Stadt" um eine spirituell überhöhte und zugleich musikalische Komponente erweiterte. Salzburgs Baudenkmäler sind nun „steingewordene Musik" [164] und plötzlich war es kein Zufall mehr, sondern naturhafte Bestimmung, dass Mozart in Salzburg geboren worden war: „Aber Salzburg kann lächelnd darauf antworten: ‚Ob ich es nun verdienen mag oder nicht, die Mozartstadt zu heißen, bin ich es denn nicht? Seht mich doch nur an! Was ihr an mir mit Augen seht, lässt Mozart euch in Tönen hören!'. [...] Und wenn Mozart in Lüneburg geboren wäre, Salzburg bliebe doch die Mozartstadt. Salzburg war schon Mozart, bevor er noch geboren war. Er hat es nur erlauscht. Er hat es nur erklingen lassen."[165]

Im Fin de Siècle verengte sich das Image Salzburgs zum Klischeebild der „verwunschenen, von Mozart-Geigen und Glockenspielklängen widerhallenden Bischofstadt" (Nikolaus Schaffer). Ein repräsentatives Beispiel ist diese Eingangs-Vignette von Oskar Grafs und Cäcilia Pfaff-Baders Prachtband „Malerisches Salzburg" (1902).

Sogar das provinzielle „Salzburger Volksblatt" schwärmte von der einzigartigen Aura der Stadt: „Der Name Salzburg ist an sich ein Programm, in dem sich deutsche Waldlandschaft, Kühnheit und Trutzigkeit des Alpenlands, Sonnigkeit und Linienschönheit Italiens durchdringen und verschwistern. Mozart, der genius loci, hat deutsche Tiefe und Innigkeit mit romanischer Grazie zu einer höheren Einheit verbunden. Dieser Geist lebt sichtbarlich in der Stadt, die durch die gotische Strenge wie durch die spielerische Anmut des Rokoko mit allen dazwischenliegenden Stilperioden ihr Gepräge erhält und ihre fesselnden Reize entfaltet: Romantik an allen Ecken und Enden [...]."[166] Die bildliche Umsetzung ließ nicht lange auf sich warten, etwa in Form des „vom melodiösen Linienspiel des Jugendstils ‚infizierten' "[167] Prachtwerks „Malerisches aus Salzburg" (1902), den das zeichnende und dichtende Künstlerpaar Oskar Graf und Cäcilia Pfaff-Bader unter das Motto stellten:

„Wenn leis Erinnerung ersteht
Salzburg, an deine Schöne
ein süßes Lied den Sinn durchweht
wie Mozarts Wundertöne." [168]

Literaten und bildende Künstler des Fin de Siècle beschworen in Wort und Bild den „unaussprechlichen Zauber" der Stadt, in der „Natur, ganz Geist geworden, Geist zu Stein".[169] „Verweilen und Wiederkommen" lautete die Devise einer großstadtmü-

den Generation, deren ermattete Vertreter nach Salzburg kamen, um bei dieser „unvergleichlichen Geliebten" Ruhe und Entspannung zu finden.[170] In der Tourismuswerbung wiederum verengte sich das Image Salzburgs zum Klischeebild der „verwunschenen, von Mozart-Geigen und Glockenspielklängen widerhallenden Bischofstadt",[171] das von nun an in fast allen Salzburg-Beschreibungen vorherrschte.[172]

Noch vor dem Ersten Weltkrieg entstand schließlich jenes Gedicht, welches nach 1945 „das poetische Modell für fast alle nachfolgenden Lieder, Sonette und Hymnen auf Salzburg" abgeben sollte: Georg Trakls „Die schöne Stadt".[173]

Alte Plätze sonnig schweigen.
Tief in Blau und Gold versponnen
Traumhaft hasten sanfte Nonnen
Unter schwüler Buchen Schweigen.

Aus den braun erhellten Kirchen
Schaun des Todes reine Bilder,
Großer Fürsten schöne Schilder.
Kronen schimmern in den Kirchen.

Rösser tauchen aus dem Brunnen.
Blütenkrallen drohn aus Bäumen.
Knaben spielen wirr von Träumen
Abends leise dort am Brunnen.

Mädchen stehen an den Toren,
Schauen scheu ins farbige Leben.
Ihre feuchten Lippen beben
Und sie warten an den Toren.

Zitternd flattern Glockenklänge,
Marschtakt hallt und Wacherufen.
Fremde lauschen auf den Stufen.
Hoch im Blau sind Orgelklänge.

Helle Instrumente singen.
Durch der Gärten Blätterrahmen
Schwirrt das Lachen schöner Damen.
Leise junge Mütter singen.

Heimlich haucht an blumigen Fenstern
Duft von Weihrauch, Teer und Flieder.
Silbern flimmern müde Lider
Durch die Blumen an den Fenstern.

Der Stimmungslage um die Jahrhundertwende entsprechend schwelgte der Salzburger Maler Franz Hinterholzer in beschaulichen Schilderungen der Salzburger Stadtlandschaft (hier: „An den Ufern der Salzach“) mit einer besonderen Vorliebe für das Zwielicht der Dämmerung.

Modisch-dekorative Züge kennzeichnen die Salzburgansichten des Malers Theodor Josef Ethofer, in dessen Werk Vedute und neues Genrebild zu einer bunten Palette des städtischen Lebens verschmelzen. Ethofers „Kiosk des Cafe Tomaselli“ von 1908 erscheint als Vorwegnahme des „Salzburger Flairs“ der Zwischenkriegszeit.

Während die bildenden Künstler der Jahrhundertwende ihre stimmungsvollen Abend- und Herbstansichten in einem überreifen Pathos der Farbe zeigten, übernahm die Fotografie die Funktion des Abbildens. Manche dieser fotografischen Arbeiten überzeugen nicht bloß durch technische Qualität. Diesem Panorama etwa gelingt es, die Stadterweiterungsbauten des späten 19. und frühen 20. Jahrhunderts ins Stadtbild zu integrieren und so Alt und Neu als harmonisches Ganzes zu präsentieren.

Trakls impressionistisches Stimmungsbild stand zwar weit über den zeitgenössischen literarischen Salzburg-Ergüssen. Die dem Gedicht eigene „herbstliche" Grundstimmung von Dekadenz und Verfall war allerdings zeittypisch und manche der von ihm gewählten Topoi finden sich auch bei anderen Autoren, wie etwa C. Pfaff-Bader: „Zitternd flattern Glockenklänge" (Trakl: „Die schöne Stadt") – „müdverklingend Glockenläuten" (Pfaff-Bader: „Mülln"); „Als schwebten darüber die Schatten lang Verstorbener" (Trakl: „In Hellbrunn") – „Es träumt der Park seinen alten Traum: verwehte Gestalten – verklungene Lieder" (Pfaff-Bader: „Im Park von Hellbrunn").[174] Als „Traumpostkarten mit dem Abfertigungsstempel Salzburg" bezeichnete Heinz Politzer, der amerikanisch-österreichische Literaturhistoriker, Trakls frühe Gedichte. Bild reihe sich an Bildchen, aber „plötzlich ist der Traum zu Ende und eine Wirklichkeit bricht an, in der

‚Kirchen, Brücken und Spital
Grauenvoll im Zwielicht stehen'".[175]

Trakls emotionaler Bezug zu Salzburg war vielschichtig und ambivalent. Hatte er 1908 erfüllt von Heimweh aus Wien geschrieben: „Ich denke, der Kapuzinerberg ist schon im flammen-

den Rot des Herbstes aufgegangen. [...] Das Glockenspiel spielt die ‚letzte Rose' in den ernsten freundlichen Abend hinein, so süßbewegt, dass der Himmel sich ins Unendliche wölbt!",[176] so distanzierte er sich zwei Jahre später unmissverständlich vom neuromantischen Klischeebild der „schönen Stadt": „Man tut gut daran, sich gegen vollendete Schönheit zu wehren, davor einem nichts erübrigt als ein blödes Schauen."[177]

Wenn sich einige von Trakls Gedichte dennoch bis heute einer salzburg-mythischen Instrumentalisierung erfreuen, dann im Sinne einer nostalgischen Assoziation mit der „alten" Stadt, in der die Vergangenheit „lebt". Bildlicher Ausdruck von Trakls „Schöner Stadt" wären dann etwa die in ein düster stimmungsverklärendes Licht getauchten Stadtlandschaften Franz Hinterholzers oder die goldschweren Herbstbilder Leo Reiffensteins. Der zeitgenössischen Stimmungslage entsprechend frönten Hinterholzer und Reiffenstein „mit Vorliebe den Abendstunden in ihren Bildern, deren Düsterkeit und hypnotische Ruhe heute auf uns fast bedrohlich wirkt".[178] Im Verein mit den Salzburgansichten E. T. Comptons, Tony Grubhofers, Fritz Hegenbarts, Paul Rieths, Franz Kulstrunks u. a. m. erfreuten sich die Bilder dieser beiden Maler um die Jahrhundertwende größter Beliebtheit. Als bevorzugte Ansichtskarten-

1

2

3

1 Franz Hinterholzers poetische Stadtansichten (hier. „Salzburg – Johannisnacht“) fanden als „Salzburger Künstler-Postkarten“ weite Verbreitung.

2 Auch die bevorzugt in „goldschweren Herbstfarben“ (Nikolaus Schaffer) gehaltenen Bilder des Salzburger Malers Leo Reiffenstein erfreuten sich als Postkartenmotive großer Beliebtheit.

3 Als ein konzentrierter Blick auf die Erneuerung der Stadt erscheint dieser Blick in die Griesgasse. Zu sehen sind der Mönchsbergaufzug, das Terrassencafé und der Wasserturm auf dem Mönchsberg sowie im Vordergrund die in der 1870er Jahren errichtete k. u. k. Staatsrealschule.

motive und als Illustrationen zahlreicher Salzburg-Führer prägten sie das Image der Stadt im Zeitalter des bürgerlichen Tourismus.[179] Modisch-dekorative Züge kennzeichnen auch die Salzburgansichten des Malers Theodor Josef Ethofer, in dessen Werk Vedute und neues Genrebild zu einer bunten Perspektive städtischen Lebens verschmelzen, die gleichsam als populäre Vorwegnahme von Hugo von Hofmannsthals und Max Reinhardts Vision der Stadt als Bühne anmutet.[180] Darüber hinaus kokettierte Ethofer mit seinen Serien von weiblichen „Gautypen“ „erfolgreich – und zur vollsten Zufriedenheit der Fremdenverkehrsbehörden – mit der heimischen Folklore“.[181]

Impressionistische Stimmungen prägten das Salzburgbild sogar im zeitgenössischen Schulbuch. Das „Deutsche Lesebuch für österreichische Realschulen“ etwa schreibt der „alten, weltberühmten Stadt [...] eine gewisse Persönlichkeit“ zu, „deren Grundzüge wir gewissermaßen mit menschlichen Maßstab mes-

4

5

4 Die deutschnationale Gesinnung eines Teils der städtischen Bevölkerung fand ihren Niederschlag bereits um 1900 auch auf Ansichtskarten.

5 Der Verkehr war im 19. Jahrhundert ein fester Topos der Stadterneuerung. Nicht wenige Baudenkmäler verschwanden aus mehr oder minder vorgeschützten Verkehrsrücksichten. Die Auseinandersetzung zwischen Denkmalpflege und Stadterneuerung erreichte 1894 einen ersten Höhepunkt, als das Linzertor der Spitzhackenfraktion zum Opfer fiel. Zu einer Trendumkehr kam es, als, übrigens vom Thronfolger Franz Ferdinand tatkräftig unterstützt, der Versuch den St. Petersfriedhof durch ein Tunnelprojekt zur zerstören, zu Fall gebracht wurde.

sen" und schwelgt im Übrigen in zeittypischen Klischees: „der letzte Klang des Abendläutens" – „Stille einer mächtigen Natur" – „auf den Gassen tönte Musik, es lag ein Stück von südlichem, fast von italienischem Leben über der Stadt".[182] Unübertroffener Meister einer Apotheose Salzburgs in den Jahren vor dem Ersten Weltkrieg war jedoch Hermann Bahr, der unermüdlich den naturgegebenen Zusammenhang von Stadt und Musik propagierte: „Wolf Dietrich hat, aus der Idee Ruperts, Salzburg erschaut, seine Vision hat Paris Lodron in Stein und Mozart dann in Musik gesetzt."[183] Die Beständigkeit dieser Vision über alle Epochenzäsuren hinweg belegt Heinz Politzers Festspielrede von 1976, in welcher der amerikanisch-österreichische Literaturhistoriker die „Einzigartigkeit dieser Stadt" darauf zurückführte, dass „sie eine Stätte durch Musik erlöster Dämonie" darstelle, „wo Traum, in Trauer eingewebt als Melodie die Flügel hebt -und schwebt und so die wahre Heimstatt Georg Trakls und Wolfgang Amadeus Mozarts bildet".[184]

„HERZ VOM HERZEN EUROPAS“

Der Mythos der Salzburger Festspiele

Als der österreichische Bundespräsident Thomas Klestil 1999 in seiner Eröffnungsrede die Salzburger Festspiele unter Bezugnahme auf den Gründungsmythos Hofmannsthals als „Heilstätten der Seele“ bezeichnete, ihre „grenzenlose Offenheit und Übernationalität“ als „beste österreichische Tradition“ rühmte, die zugleich „europäischen Geist“ atme, war dies eine unverhüllte Kritik an der künstlerischen Leitung Gerard Mortiers. Entgegen dem Geist der Festspielgründer würde Mortier – so Klestils Vorwurf – bloß modernistische „Konfrontation statt Harmonie, Provokation statt Gleichklang, Spektakel statt Werktreue, ‚Stückezertrümmerung' statt humanistischem Bildungstheater“ betreiben.[185] Ob dem Bundespräsidenten der überaus komplexe und zeitgebundene Wirkungszusammenhang von geografischem Raum und Salzburger Festspielidee, von Ortswahl und ideologischem Konzept bewusst war, welcher dem „Salzburger Mythos“ der Gründungsväter der Festspiele zugrunde lag, scheint fraglich. Seit Michael P. Steinbergs bahnbrechender Untersuchung über den ideologischen Kontext der Festspielgründung steht jedoch außer Zweifel, dass Hofmannsthal unter dem Eindruck des Zusammenbruchs der alten Welt Salzburg als Schauplatz einer konservativen kulturellen Neuorientierung ausersehen hatte. Von der moralischen Sendung Salzburgs war nun die Rede, welche die seelischen Wunden des Ersten Weltkrieges heilen sollte.[186] Das aus der Romantik überkommene Salzburg-Bild wurde erneuert, und wie schon hundert Jahre zuvor hoffte eine verunsicherte Generation gerade hier eine „schuldlose ‚Unberührtheit' aus Geschichte, Tradition und Natur“ vorzufinden.[187]

Max Reinhardt, Hermann Bahr und Hugo von Hofmannsthal hatten die Stadt Salzburg bereits vor dem Ersten Weltkrieg als idealen Ort einer kulturkonservativen Rückbesinnung entdeckt, als möglichen Schauplatz einer Abkehr von der Kultur der Metropolen und des Rückzugs in die Idylle der Provinz.[188] In eine konkrete

Phase traten die Festspielpläne allerdings erst in den beiden letzten Kriegsjahren. In einem programmatischen Brief definierte Reinhardt im Juli 1918 erstmals die Grundzüge seiner Festspielkonzeption, die hinsichtlich des Zusammenhangs von Kunstwollen und Raum deutliche Bezüge auf Richard Wagners in Bayreuth verwirklichte Idee von der „schönen Einöde“[189] als idealem Schauplatz von Festspielen erkennen ließ: „Mein Ziel ist“ – so Reinhardt: „das, was ich in mehr als zwei Dezennien geschaffen, erneuert, herangebildet habe, mit dem, was sonst in deutschen und österreichischen Landen an zeitgemäßen Kräften erblüht ist, zusammenzufassen, und sie alle, Dichter, Musiker, Schauspieler, Sänger, Maler, Regisseure an einem schönen Ort, abseits vom Alltagsgetriebe der Großstadt zu einem lebendigen, die höchste Kultur des heutigen Theaters repräsentierenden Organismus wachsen zu lassen.“[190] Reinhardt war überzeugt, dass angesichts der Weltkatastrophe gerade in Salzburg ideale räumliche Voraussetzungen zur Verwirklichung seiner Festspielidee bestünden: „Ich glaube, daß Salzburg, vermöge seiner wundervoll zentralen Lage, seiner landschaftlichen und architektonischen Pracht, seiner historischen Merkwürdigkeiten und Erinnerungen und nicht zuletzt seiner unberührten Jungfräulichkeit wegen, dazu berufen ist, ein Wallfahrtsort zu werden für die zahllosen Menschen, die sich aus den blutigen Greuel dieser Zeit nach den Erlösungen der Kunst sehnen.“[191]

Der entscheidende Impuls zur Festspielgründung ging von Hugo von Hofmannsthal aus. Im berühmten „Ersten Aufruf zum Salzburger Festspielplan“ überhöhte Hofmannsthal 1919 die alten Mythen der „Schönen Stadt“ und der „Mozartstadt“ zum „Salzburger Mythos“, einem Kunstprodukt, das als restauratives Gegenmodell einer ästhetisch-politischen Reintegration konzipiert war und an die kulturellen Traditionen des österreichischen Barocks anzuknüpfen suchte. „Erst der Zusammenbruch der Habsburger-Monarchie und das kulturelle Vakuum der Ersten Republik schufen“ – wie Steinberg feststellt – „die Voraussetzung dafür, die schlummernden Salzburger Traditionen – Mozart und die Kirche – zum Mythos Salzburg zu vereinen, die traditionsreiche Vergangenheit in Energie umzuwandeln und sie zum Definitionsprinzip für Gegenwart und Zukunft zu machen.“[192] Das kulturelle Programm der Festspiele sei „deutschösterreichisch, gegen den Anschluss, katholisch und konservativ“, in seiner Rhetorik jedoch föderalistisch gewesen.[193] Für Hofmannsthal war die Stadt Salzburg das natürliche Zentrum eines kulturellen Kraftfeldes von mitteleuropäischer Dimension:

„Und nun, wenn schon Festspiele, warum gerade in Salzburg? [...] Das Salzburger Land ist das Herz vom Herzen Europas. Es liegt halbwegs zwischen der Schweiz und den slawischen Ländern, halbwegs zwischen dem nördlichen Deutschland und dem lombardischen Italien; es liegt in der Mitte zwischen Süd und Nord, zwischen Berg und Ebene, zwischen dem Heroischen und dem Idyllischen; Salzburg liegt als Bauwerk zwischen dem Städtischen und dem Ländlichen, dem Uralten und dem Neuzeitlichen, dem barocken Fürstlichen und dem lieblich, ewig Bäuerlichen. Mozart ist der Ausdruck von alledem. Das mittlere Europa hat keinen schöneren Raum und gerade hier mußte Mozart geboren werden.“ [194]

> Bereits ein Jahr später wurde die Idee zur Realität: mit Hofmannsthals „Jedermann“ in der Inszenierung von Max Reinhardt, aufgeführt am 22. August 1920 auf dem Salzburger Domplatz, war die Gründung der Salzburger Festspiele vollzogen. Nicht Mozart stand somit am Beginn der Festspiele, sondern Hofmannsthals neobarockes Mysterienspiel, das als fixer Bestandteil des Festspielprogramms bis heute Zeugnis ablegt von dessen restaurativem Gründungsmythos.[195] War Hofmannsthals und Reinhardts theatralisches Festspielkonzept auf eine Einbeziehung der ganzen Stadt als Szene ausgerichtet, so ging es der parallelen Festspielinitiative der regionalen bürgerlich-deutschnationalen Mozartkreise – angeführt von Friedrich Gehmacher und Heinrich Damisch – um die Etablierung regelmäßiger Mozartfestspiele im Dienste einer „idealen“ Mozartpflege wie auch im Interesse des Fremdenverkehrs. Beide Initiativen hatten – wenn auch in unterschiedlichem ideologischen Kontext – das Vorbild von Bayreuth vor Augen und argumentierten darüber hinaus unter Einbeziehung des bis weit ins 19. Jahrhundert zurückreichenden Mythos von der „Schönen Stadt“. Letztlich ist es aber ein den Gang der Festspielgeschichte bis heute bestimmendes Paradoxon, dass die in ihrer weltanschaulichen wie auch künstlerischen Ausrichtung so grundverschiedenen Festspielinitiativen vor dem Hintergrund des Zusammenbruchs der alten Welt in eine gemeinsame und überdies dauerhaft erfolgreiche Aktion mündeten.

Aufmerksame Zeitgenossen registrierten, dass sich mitten in der ökonomischen, politischen und mentalen Krise der unmittelbaren Nachkriegszeit ein Teil der metropolitanen Kunstkompetenz von Wien nach Salzburg verlagerte: „Etwas Merkwürdiges hatte sich in aller Stille ereignet“, erinnert sich Stefan Zweig, der seinen Wohnsitz 1918 in Salzburg genommen hatte: „Die kleine Stadt Salzburg, die ich mir gerade um ihrer romantischen Abgelegenheit willen gewählt, hatte sich erstaunlich verwandelt: sie war im Sommer zur künstlerischen Hauptstadt nicht nur Europas, sondern der ganzen Welt geworden.“[196] Genugtuung über diesen kulturellen Aufschwung empfanden aber auch Provinzautoren wie Rudolf Hans Bartsch, Verfasser sentimentaler und volkstümelnder Romane, der in seinem „Geiger von Salzburg“ (1921) über den Niedergang Wiens frohlockt: „In jenen Tagen, da in der bisherigen Kapitale Wien alles, was jene Stadt bisher gewesen war, langsam einsinterte, wie eine vernachlässigte und nicht mehr gestützte Holzbalkendecke, die den Hausschwamm hat, als man dort nur mehr auf das rettende Ausland wie auf einen neuen Pächter wartete, der die alte Gastwirtschaft

Mit der Uraufführung des „Jedermann" in der Regie von Max Reinhardt auf dem Salzburger Domplatz am 22. August 1920 – hier abgebildet auf einer Steinzeichnung von J. W. Schülein – bereicherte Hugo von Hofmannsthal den Mythos Salzburg um eine neue Facette. Die Stadt wurde zur Bühne, auf der Schauspieler und Zuschauer gemeinsam als Akteure des „theatrum mundi" auftraten. Hofmannsthals Wiederbelebung einer barocken Idee machte Salzburg zum Schauplatz einer konservativen kulturellen Neuorientierung, welche die seelischen Wunden des Ersten Weltkrieges heilen sollte. Im Spiel vom Sterben des reichen Mannes wird der restaurative Gründungsmythos der Salzburger Festspiele seitdem alljährlich aufs Neue zum Leben erweckt.

nochmals in die Höhe brächte und im übrigen faulen und verrotten ließ, was die Elemente nur wollten – in denselben Tagen erhob sich das fremdenstill gewordene Salzburg."[197]

Trotz des überragenden Erfolgs standen die Festspiele während der ersten Jahre wirtschaftlich auf keinem sicheren Boden. Noch immer hing ihre Zukunft von einer Lösung der Festspielhausfrage ab. Schon vor der endgültigen Sanierung der Festspiele war Clemens Holzmeister im Frühjahr 1926 mit dem Umbau des ein Jahr zuvor fertiggestellten Festspielhausprovisoriums beauftragt worden. Das neue Haus bildete zusammen mit Sommerreitschule und kleiner Winterreitschule den Festspielhausbezirk der Zwischenkriegszeit. Das alte Ziel der Salzburger Festspielhausgemeinde, die Schaffung eines vor allem der Mozartpflege gewidmeten Festspielhauses war damit im Prinzip erreicht.[198] Mit dem Aufstieg der Salzburger Festspiele zum – neben Bayreuth – renommiertesten Festival hatte Salzburg zum Image der „Schönen Stadt" und „Mozartstadt" noch das einer „Festspielstadt" hinzugewonnen. Die organisatorischen Schwierigkeiten der Gründungsphase und die harsche Kritik an der „sorgsam gepflegten Niedergangskunst"[199] von Reinhardts Welttheater waren Ende der 1920er Jahre vergessen. „Kunst und Wirklichkeit, Theater und Stadt, Bühne und Welt verschmolzen in den Festspielen zum Gesamtkunstwerk. Für einige Sommerwochen schien das Ideal einer glücklicheren und besseren Welt verwirklicht."[200] Mit dem Publikumserfolg trat das ideologische Konstrukt von Hofmannsthals „Salzburger Mythos" in den Hintergrund. An seine Stelle trat der unverbindliche „Mythos der Salzburger Festspiele",[201] als der eines hochkulturellen und zugleich exklusiven Ereignisses im Ambiente der „Schönen Stadt".

Als „Festspielstadt" erfuhr die Position Salzburgs im gesamtösterreichischen Kontext eine beträchtliche Aufwertung. Zwar genoss die „Mozartstadt" bereits in den Jahrzehnten vor 1914 ein – wenn auch eingeschränktes – kulturelles Renommee. Die Integration der Stadt ins Zentrum eines – nunmehr auf das Territorium der Republik eingeengten – Österreichbewusstseins erfolgte jedoch erst in den 1920er Jahren, als Österreichs Zukunft mangels ökonomischer und politischer Alternativen vor allem „in seiner kulturellen und künstlerischen Sendung" zu liegen schien.[202] In dieser Phase „schwerer österreichischer Selbstzweifel"[203] wurde Salzburg zum integralen Bestandteil jener Vision vom „Kulturland Österreich", die bis in die Gegenwart zu den am „häufigsten zitierten Selbstbildern" und zugleich am „häufigsten erfahrenen Fremdbildern" dieses Landes zählt.[204]

Nach dem zweiten Festspielsommer, der auch in der internationalen Presse als Anzeichen einer inneren Konsolidierung der jungen Republik interpretiert wurde, bewertete die „Neue Freie Presse" die Salzburger Ereignisse als Beweis, dass Österreichs

Streben nach der Verwirklichung kultureller Ideale durch den Krieg nicht zerstört worden sei: „Wir wollen uns an unsere große Tradition halten und sie auch festhalten.“[205] Anton Wildgans, der Direktor des Burgtheaters, bot den Festspielen seine Unterstützung an und forderte 1921 für Salzburg ein „österreichisches Festspielhaus“ das sich „Musteraufführungen österreichischer Klassiker“ widme.[206] Auch die Salzburger Festspielhausgemeinde, die auf finanzielle Unterstützung aus Wien hoffte, hob den Österreichbezug der Festspiele hervor: „Daß dem Salzburger Festspielgedanken, als dem höchsten Ausdruck einer österreichischen Kunstpflege, die im berufenen Wollen und Können wurzelt, nicht nur kulturelle, sondern auch starke politische und volkswirtschaftliche Bedeutung zukommt, haben die österreichischen Staatsbehörden und andere öffentliche Stellen durch Gewährung von Subventionen und durch amtliche Förderung anerkannt.“[207]

Nachdem der institutionelle Bestand der Festspiele Ende der 1920er Jahre gesichert war und das Programm Jahr für Jahr ausgeweitet wurde, entwickelte sich Salzburg rasch zum sommerlichen Treffpunkt der internationalen Prominenz aus Politik, Finanz und Kunst, die tagsüber in Lederhose und Dirndl die Innenstadt bevölkerte und abends in ihren Limousinen am Festspielhaus vorfuhr. Damals kam das Schlagwort vom „Salzburger Flair“ auf. Gemeint war damit jene „Stimmung aus idealtypischer Landschaft der Romantik, barocker Fürstenstadt, ländlicher Idylle, Tracht und Volkskultur“, die das Image der Stadt zwar bereits seit dem Sommerfrischen-Tourismus der Jahrhundertwende prägte, dank der Festspiele nun aber zum internationalen Markenzeichen Salzburgs avancierte.[208] Nicht mehr nur der Festspielbezirk, sondern die ganze Stadt diente nun als Bühne des Gesellschaftslebens, in dessen Mittelpunkt Max Reinhardt stand. Glanzvoller gesellschaftlicher Höhepunkt des Festspielgeschehens waren unbestritten Reinhardts Feste in Schloss Leopoldskron. Salzburg war aber nicht nur gesellschaftlicher Mittelpunkt Österreichs im Sommer, sondern auch – wie Festspielpräsident Heinrich Puthon 1932 stolz hervorhob – ein Beispiel wirtschaftlichen Erfolgs in tristen Zeiten: „Das gesamte sommerliche Fremdenverkehrswesen Österreichs hat in den Salzburger Festspielen seinen Mittelpunkt gefunden; ein ausgesprochenes Luxuspublikum füllt durch vier Wochen nicht nur die Festspielstadt und ihre engere und weitere Umgebung, sondern lernt von hier aus die Schönheiten ganz Österreichs, besonders Wiens kennen [...]. So erweisen sich die Salzburger Festspiele, die vor allem österreichische Festspiele sind und als solche gewertet werden müssen, durch die Übermittlung österreichischer, deutscher Kultur- und Kunstgüter an die internationale Welt als ein bedeutender Aktivposten des Fremdenverkehrs Österreichs und seiner Handelsbilanz und tragen hiemit und durch ihre kulturelle, völkerverständigende Mission zur Erhöhung des Ansehens und zum Wiederaufbau unseres Vaterlandes bei.“[209]

Nach der Machtergreifung Hitlers im Deutschen Reich gewannen die Festspiele überdies eine wichtige politische Dimension, und zwar „als Gegen-Bayreuth, mit dem Antifaschisten Arturo Toscanini als weltberühmtem Aushängeschild".[210] Während der Sommermonate war Salzburg in den letzten Jahren vor dem Anschluss, „wenn schon nicht der Mittelpunkt Europas, so doch die unbestrittene Hauptstadt Österreichs". Die „nationale Opposition" hielt sich vom Festspieltreiben freilich fern, sah sie darin doch nicht ganz zu unrecht eine „Art von internationaler Demonstration gegen das Dritte Reich".[211]

Vor allem ein zahlungskräftiges Publikum aus Amerika und Westeuropa verlieh den letzten Festspielsommern vor dem Anschluss einen besonderen Glanz. Das internationale Flair von Reichtum kontrastierte freilich mit einer Verarmung breiter Bevölkerungsschichten, welche die speziell für amerikanische Dollarmillionäre arrangierten Trachtenschauen und Sommerfeste ebenso als Provokation empfanden, wie das von der Werbung propagierte Bild Salzburgs als „einer österreichischen Insel der Schönheit [...] inmitten einer leidenschaftlich erregten Welt".[212] In den idyllischen Stadtbeschreibungen der Ständestaatsära schien der Gegensatz von Kunst und Alltag in Salzburg überwunden wie nirgendwo sonst: „[...] August in Salzburg – Festspiele – das ist der Inbegriff erlesenen Genusses. Bezaubernde Musik, mitreißendes Schauspiel erheben in andere Sphären: sorgloser, schneller pulst das Leben: die steinerne Szene, an der tausend Jahre geformt und gebaut haben, dazwischen als amüsante Staffage der Salzburger Alltag mit Markt, Handwerkslärm und kleidsamen Trachten: – das passt gerade zum Spiel und erscheint dem unbekümmerten Gast als eine Märchenwelt, die einmal im Jahr aus ihrer Versunkenheit auftaucht, von der er für ein paar kurze Wochen Besitz nimmt, sich sorglos ihrem Bann hingebend."[213] Auch Erich Kästner, der sich während des Dritten Reichs mit unterhaltsamen Romanen über Wasser hielt, zeichnet in „Der kleine Grenzverkehr" ein stimmungsvoll-heiteres Bild des „Salzburger Flairs" im letzten Festspielsommer vor dem Anschluss, paradoxerweise vor dem Hintergrund der von Hitlerdeutschland gegenüber Österreich erlassenen Devisenrestriktionen.[214]

In der Hofmannsthalschen Vision der Stadt als Bühne spielte jeder – gleich, ob Bettler oder Bischof – die ihm von der Vorsehung zugedachte Rolle. Mit dem Tod Hofmannsthals verfiel dieses Konzept, Sinn wandelte sich zur Form, und aus Hofmannsthals „Salzburger Mythos" wurde der „Mythos der Festspielstadt" als Versprechen elitären Kunstgenusses in luxuriösem Ambiente. Was blieb, war die Stadt als Kulisse für den Parcours eines mondänen Publikums. Georg Jungs „Festspielauffahrt" (1929) zeigt genau diesen Moment. Nicht mehr das romantische Mondlicht sondern die Scheinwerferkegel nobler Limousinen erhellen nun die Stadt. Die Salzburger hingegen spielten im „Salzburger Flair" der Zwischenkriegszeit nur Nebenrollen, sei es als Voyeure oder als Statisten.

Die Entwicklung der bildenden Kunst konnte in der Zwischenkriegszeit mit dem Aufschwung der Festspiele nicht mithalten. Die Aufbruchsstimmung unmittelbar nach dem Ersten Weltkrieg hatte zwar einen Teil der Wiener Kunstszene nach Salzburg umgeleitet, wo die unter dem Zeichen des „Wassermanns" zusammengeschlossenen Künstler im August 1919 die vielleicht bedeutendste, „mit Sicherheit aber aufregendste" regionale Kunstausstellung der Zwischenkriegszeit veranstalteten.[215] Diese markierte jedoch bereits „in gewisser Weise den Ausklang des österreichischen Expressionismus",[216] der in den

Das Künstlerpaar Luigi Kasimir und Tanna Hoernes brachte 1921 eine dekorative Salzburgmappe heraus. Hier: L. Kasimirs „Nonnbergstiege".

Folgejahren von jenen gemäßigteren Stilformen abgelöst wurde, welche die bildende Kunst der Moderne im regionalen Rahmen bis weit in die zweite Jahrhunderthälfte prägen sollten. Die maßgebliche Malerpersönlichkeit dieser Ära war unbestritten Anton Faistauer, dessen „an Cézannescher Bildtektonik geläuterter Vitalismus der Farbe [...] es, ideologisch mit einer bäuerlich-katholischen Glorie verbrämt, in der Zwischenkriegszeit fast zum offiziellen Nationalstil" bringen sollte.[217] Die malerische Auseinandersetzung mit der Salzburger Stadtlandschaft stand thematisch freilich eher am Rande des Schaffens dieser Künstlergeneration. Der Einfluss Faistauers und auch der des „Wassermann"-Initiators Felix Albrecht Harta auf das Salzburgbild einer nachfolgenden Generation von Malern sollte sich erst nach 1945 voll entfalten, wobei unter anderen Faistauers Schüler Anton Steinhart und Wilhelm Kaufmann über die politischen Zäsuren hinweg ein gewisses Maß an Kontinuität verkörpern.

Eine Ausnahmeposition unter jenen Malern, die das künstlerische Bild der Stadt in der Zwischenkriegszeit formten, nahm der

Tanna Hoernes: „Blick von Goldgasse auf den Dom".

Hotelierssohn Georg Jung ein, dessen expressionistischer Stil sich unter dem Einfluss der Neuen Sachlichkeit „in eine von lautloser Bedrohung erfüllte gläserne Starre wandelte".[218] Jungs „Festspielauffahrt" von 1929 zählt bis heute zu den wenigen außergewöhnlichen Stadtdarstellungen fernab von jedem Klischee. Mehr noch als durch die malerische Komponente wurde das künstlerische Bild der Stadt nach dem Ersten Weltkrieg aber durch Lithografie, Radierung und Steinzeichnung verbreitet. Erwähnt seien hier etwa die zeitgenössisch beliebten, dekorativen „Salzburg-" und „Festspiel-Mappen" von Emma Schlangenhausen, Julius Wolfgang Schülein oder Luigi Kasimir und Tanna Hoernes.[219] Die (bis heute anhaltende) Beliebtheit des Motivs der „Schönen Stadt" kann jedoch nicht über den seit der Festspielgründung bestehenden absoluten Vorrang der Musik im Kunstleben Salzburgs hinwegtäuschen, in dem die bildende Kunst „nur als Störung der Vollkommenheit auftreten kann, so sie nicht das Natur-Architektur-Gesamtkunstwerk dekoriert".[220]

„SCHÖNSTE STADT DEUTSCHLANDS“

Salzburg-Mythos mit braunen Vorzeichen

Zum letzten Mal traf sich „tout Salsbourg“ im Sommer 1937 zur „Danse Macabre vom Café Bazar“.[221] Im darauffolgenden Sommer 1938 war die Internationalität der Festspiele bereits Vergangenheit. Statt dessen strömten nun Massen von Besuchern aus dem „Altreich“ in die „Gauhauptstadt“ Salzburg. Die Festspiele blieben nach dem Anschluss dennoch das kulturelle Aushängeschild der Stadt, auch wenn zunächst einmal ein radikaler Bruch mit der Festspieltradition Hofmannsthals und Reinhardts vollzogen wurde und die neuen Machthaber Juden und Klerikale des Missbrauchs der Festspielidee bezichtigten. Der Salzburger Gauleiter Friedrich Rainer bemühte sich, die „gesunde Idee“ der Salzburger Festspiele von Richard Wagner abzuleiten. Salzburg hätte vor 1938 eine „jüdisch-kosmopolitische Fratze“ gehabt, „nun aber“ – so die Absichtserklärung der Nationalsozialisten in Gau und Stadt – sollten „germanische Ideale in höchster Vollendung gelten“.[222] Statt Hofmannsthals barockisierendem Salzburg-Mythos müsse dem Vorbild von Bayreuth, allerdings unter dem Leitmotiv Mozart, nachgeeifert werden.[223] In einem ähnlichen Sinne hatte sich Otto Kunz, der Kulturredakteur des „Salzburger Volksblattes“, bereits unmittelbar nach dem Anschluss geäußert: „Die Sendung Salzburgs in der Zukunft“ liege darin, „Metropole der Kunst zu sein im Namen Mozarts, im Namen des Zaubers der Architektur der Stadt und der Landschaft“.[224] Gauleiter Rainer legitimierte sein permanentes Streben nach einer Aufwertung Salzburgs im übrigen mit dem angeblichen Wunsch Hitlers, aus Salzburg „eine Metropole des Geistes- und Kulturlebens“ zu machen.[225]

Auch unter den Nationalsozialisten lief die Imagepflege letztlich auf eine Tradierung der überlieferten Klischees hinaus. Bis weit in den Krieg hinein bestimmten Kunst und Kultur das offiziöse Bild Salzburgs in Propaganda und Medien. Die „schönste Stadt Deutschlands“ sei – so Gauleiter Rainer 1941 – eine „Insel der Seligen“, die „mitten im Lärm der Schlachten“ ein „kultiviertes Leben“ weiterführe.[226] Landesrat Karl Springenschmid verkündete voll Stolz, dass die „besondere ‚Atmosphäre' dieser Stadt" darin liege, „dass sie alles, was in sie hineingesetzt wird, in eine höhere, reinere Form zu steigern vermag". Der oberste Kulturfunktionär des Reichsgaues dachte dabei freilich weniger an die Festspiele als an die Verlagerung politischer Entscheidungsprozesse des Dritten Reichs zum Obersalzberg, nach Schloss Kleßheim und Schloss Fuschl: „In diesem Raum nun sind, gelöst von dem harten, starren Gesetz der Reichshauptstadt, politische Entscheidungen gefallen, die den Namen Salzburgs in einer neuen Art in die Geschichte unserer Zeit binden wird."[227]

Salzburg blieb in der Terminologie der neuen Machthaber, was es durch die Festspielgründung geworden war: ein begnadeter Ort der Musen, eine Insel der Seligen voll kultivierten Lebens inmitten einer schönen Natur. Die historischen Rahmenbedingungen, denen das „ewige deutsche Salzburg"[228] sein einzigartiges Aussehen verdankte, erfuhren allerdings eine Uminterpretation. In radikaler Weiterführung der bereits im 19. Jahrhundert gängigen Abwertung des „welschen" Einflusses auf Salzburgs Stadtbild avancierten die geistlichen Landesfürsten des Barock in den Stadtbeschreibungen der NS-Zeit zu den Dunkelmännern der Salzburger Geschichte, die „im Lande nach ihrem Gutdünken schalten und walten konnten".[229]

Im Vorwort zur ersten Auflage von Alois Schmiedbauers Bildband „Salzburg. Gestalt und Antlitz", der nach dem Krieg noch mehrfach aufgelegt wurde, vertrat Karl Fuchs die Ansicht, dass „die weitgehende Überlagerung mit einer fremden Formgesetzen gehorchenden Machtkunst fremden Volkstums entstammender Fürsten, [...] zu einer restlosen Zerstörung des deutschen Gesichtes dieser Stadt (hätte) führen müssen, hätte ihr nicht das bodenständige Bürgertum die von ihm getragenen Werte eigenen Volkstums und seine aus allen Kämpfen ungeschwächt bewahrte, ureigentümlichste Geisteshaltung und Kunstgesinnung entgegenzusetzen vermocht".[230] Fuchs baute auf eine Überwindung des barocken Ambientes im Zuge der projektierten Umgestaltung der Stadt im nationalsozialistischen Geist: „Das große Parteiforum aber, das über Wunsch und Willen des Führers auf dem Imberg, dem alten Wahrzeichen der Fürstenstadt gegenüber, entstehen soll, wird Ausdruck sein des neuen Glaubens und der neuen Weltordnung."[231] Nach den Vorstellungen der Architekten Otto Strohmayr und Otto Reitter hätten auf dem Kapuzinerberg eine riesige „Gauhalle" sowie dahinter in erhöhter Position das „Gauhaus" als Sitz des Gauleiters und der Parteizentrale sowie eine „Gauburg" errichtet werden sollen. Gigantische Dimensionen hatte auch das Projekt des zukünftigen „Armeekommandos" auf dem Mönchsberg. Eingezwängt zwischen den Monumentalbauten auf den Stadtbergen wären Festung und historische Altstadt im Falle einer Realisierung dieser Planungen perspektivisch zur Bedeutungslosigkeit herabgesunken.[232]

Nach den Plänen der Architekten Otto Strohmayr und Otto Reitter sollten auf dem Kapuzinerberg eine riesige „Gauhalle“ sowie eine „Gauburg“ entstehen. Ziel war die Umformung des Stadtbildes im nationalsozialistischen Geist. Am Modell dieser Planung wird nicht nur der Größenwahn des NS-Regimes sichtbar. Es ist zudem Ausdruck eines ambivalenten Verhältnisses der lokalen Parteibonzen zum überkommenen Stadtbild. Endlich an der Macht, ging es ihnen offenbar um das Übertrumpfen der baulichen Szenerie der barocken Bischofsstadt.

Diese monströsen stadtplanerischen Projekte spiegelten wohl eher den Geschmack der regionalen NS-Eliten als jenen der obersten Führungsebene. Reichspropagandaminister Josef Goebbels, der höchste Kulturfunktionär des Dritten Reichs, stellte das überkommene Bild der „Schönen Stadt" jedenfalls nie in Frage. Bereits bei seinem ersten Salzburgbesuch im Juli 1938 zeigte sich Goebbels „ganz berückt von dem Zauber dieses einzigartigen Fleckchens Erde".[233] Zugleich beharrte er auf den barocken Traditionen der Stadt: „In Salzburg muss aus der Atmosphäre dieser Barockstadt heraus geschaffen werden. Wiener Kunst nach Salzburg zu verpflanzen, das heißt, den Salzburger Festspielen ihren Reiz und ihren typischen Charakter zu nehmen."[234] Die Verfasser von Stadtbeschreibungen bemühten sich in dieser Ära daher redlich, den „barocken" wie auch den „deutschen" Traditionen Salzburgs gerecht zu werden: „In prachtvoller Harmonie vereinen sich Landschaft und Kunstdenkmäler zu einem einzigartigen Ganzen. Der Geschichtsfreund aber wird nie vergessen, dass von hier aus einstmals deutsche Kultur in das Enns-, Mur- und Draugebiet, also weit hinein in das bajuvarische Markenland getragen wurde."[235]

Die Beschwörung des Salzburg-Mythos erfuhr durch die politischen Zäsuren der Jahre 1934 bis 1945 de facto keine Unterbrechung. Vielfach waren es ein und dieselben Autoren, die von den 1920er bis in die 1950er Jahre durch ihre „salzburg-mythischen Manifestationen" eine Kontinuität der „beweihräuchernden Selbstdarstellung" und „Wirklichkeits-Ausblendung" herstellten.[236] Ein solcher „Repräsentant aller Kultursysteme"[237] war etwa Franz Karl Ginzkey, dessen Hymnen auf die „Schöne Stadt" ein besonderer Hang zur Metaphorik kennzeichnete. Nichts könne, schreibt Ginzkey 1936 in einem Österreichband der Ständestaatsära, „dem Zauber gleichkommen, den der bloße Anblick dieses einzigartigen Fleckens Erde" biete. „Es ist wie beim Erscheinen einer schönen Frau: ihr bloßer Anblick verbürgt den Schein, und man fragt zunächst nicht nach Weiterem."[238] 1952 hebt bei Ginzkey „die verklärte schöne Stadt" ihre „Schultern wie zum Tanze". „Wälscher Meister Marmorträumen, /Deutscher Fürsten Tatendrang/ Und der Salzach Silberschäumen" [...] „einen" sich zum „Chorgesang", „die Getreuen auch, die Toten, /Mühn sich, hier am Werk zu sein."[239] Um eine kongeniale bildliche Umsetzung dieser idyllisierenden Form von Salzburglob war unter anderem der Zeichner Ulf Seidl bemüht, dessen „souveniermäßig verwertete Zeichenmanier" über Jahrzehnte fast als ein Markenzeichen populärer Salzburgillustration gelten konnte.[240] Ebenfalls großer Beliebtheit erfreuten sich die bunten Grafik-Postkarten aus dem Wiener Verlag Nedomansky, die den Stil des 18. oder 19. Jahrhunderts imitierten. Mitunter findet sich auf ihnen auch Mozart, in komponierender Pose, mit der Stadt im Hintergrund,[241] gleichsam eine bildliche Umsetzung jener „stimmungsvollen" Stadtbeschreibungen, nach denen es „durchaus keine ausgemachte Tatsache"

Ein gefälliges Jugendstil-Biedermeier machte die Salzburg-Mappen des Zeichners Ulf Seidl über Jahrzehnte fast zum Inbegriff populärer Salzburgillustration. Hier: „Mozarts Geburts- und Wohnhaus" (um 1930).

Großen Anklang fanden die bunten Grafik-Postkarten aus dem Wiener Verlag Nedomansky, die den Stil des 18. oder 19. Jahrhunderts imitierten. Mitunter findet sich auf ihnen auch Mozart, in komponierender Pose, mit der Stadt im Hintergrund.

sei, „dass dem Besucher Salzburgs an einer Straßenecke nicht das kleine Mozartbüblein im Rokokokleid entgegentritt“.[242]

Das Image der Stadt wurde vom Beginn des 20. Jahrhunderts an in zunehmendem Maße durch die Fotografie geprägt. War es zunächst vor allem die Postkarte, durch welche das fotografische Abbild der Stadt weite Verbreitung fand,[243] so repräsentierte der Foto-Bildband schließlich jenes Medium, das in Nachfolge der bildenden Kunst die Tradition des künstlerischen Städtebildes fortsetzte. Voraussetzung für den Aufstieg dieses Genres, das sich einer bis heute anhaltenden Beliebtheit erfreut, waren technische Innovationen wie der Siegeszug der Kleinbildkamera sowie die durch den Kupfertiefdruck verbesserten Reproduktionsmöglichkeiten. Zwar hatte es schon um die Jahrhundertwende eine Reihe von Publikationen gegeben, die fotografische Aufnahmen der Stadt enthielten.[244] Die Ära des modernen

Neue Maßstäbe im Bereich der Architektur- und Landschaftsfotografie setzte der Salzburger Stefan Kruckenhauser 1938 mit dem Bildband „Verborgene Schönheit". Die einander gegenübergestellten Aufnahmen „Blick auf Altstadt und Kollegienkirche" sind nur vordergründig identisch. Beide Aufnahmen stammen – zu unterschiedlicher Tageszeit – vom selben Sommertag des Jahres 1938. Für die Neuauflage von 1954 wurden die Hakenkreuzfahnen jedoch rot-weiß-rot umretouchiert.

Salzburg-Bildbandes setzte allerdings erst in den 1930er Jahren ein. Nachdem bereits vor dem Anschluss eine Reihe von Bildbänden erschienen war,[245] erreichte die Produktion in der NS-Zeit einen vorläufigen Höhepunkt, wobei es den neuen Machthabern nicht zuletzt darum ging, die Schönheiten der nunmehrigen „Ostmark" einer großdeutschen Öffentlichkeit zu präsentieren. Unter anderem kam in dieser Phase aber auch eine Reihe von künstlerisch hochstehenden Fotobildbänden heraus.[246] Neue Maßstäbe im Bereich der Architektur- und Landschaftsfotografie setzte insbesondere der Salzburger Stefan Kruckenhauser mit seinem bereits vor 1938 konzipierten Bildband „Verborgene Schönheit", einem im Otto-Müller-Verlag erschienenen Werk, das nach dem Krieg mehrfach – unter anderem auch in englischer Übersetzung mit einem Vorwort Ernst Gombrichs – wiederaufgelegt wurde.[247]

Die Verfilmung von Hammersteins Musical „Sound of Music“ (1965) stellte die denkbar effizienteste und billigste Salzburg-Image-Kampagne dar. Noch dreißig Jahre danach gaben drei von vier amerikanischen Touristen den Film als Hauptgrund ihrer Österreich-Reise an. Umgekehrt geben drei von vier Salzburgern an, den Film noch nie gesehen zu haben. Diese Asymmetrie wirft die Frage auf, ob das Bild, das seit der romantischen Entdeckung in vielen Ausprägungen von außen auf die Stadt projiziert wurde, mit der Realität in dieser Stadt überhaupt etwas zu tun hat.

„KARAJANOPOLIS“ UND „SOUND OF MUSIC“

Mythos-Marketing im Zeitalter des Massentourismus

Die „deutsche Stadt“[248] Salzburg wurde 1945 wieder zum „Kleinod von Österreich“.[249] Der Bombenkrieg hatte der „Schönen Stadt“ keine irreparablen Schäden zugefügt.[250] Zudem genoss sie als informelle Hauptstadt des amerikanisch besetzten „goldenen Westens“ beträchtliche wirtschaftliche Vorteile. Einer nahtlosen Wiederaufnahme des vor 1938 gepflegten Images „der kleinen Stadt, in der sich die ganze Welt trifft“[251] stand in der Zweiten Republik zwar ein durch Nationalsozialismus, Krieg und in weiterer Folge durch Wiederaufbau und Wirtschaftsaufschwung gänzlich veränderter Stadtorganismus entgegen. Unter fast gänzlicher Ausblendung aller traumatischen Erinnerungen an das Dritte Reich wurde im Salzburgschrifttum der 1950er bis 1970er Jahre das Bild der „Schönen Stadt“ und der „Mozartstadt“ ohne Abstriche, wenn nicht sogar mit gesteigerter Intensität weitertradiert.[252] Autoren wie Franz Karl Ginzkey, Josef Weinheber, Karl Heinrich Waggerl, Erna Blaas und Erich Landgrebe, die bereits seit den 1930er Jahren ein verklärtes Salzburgbild verbreitet hatten, setzten der „Unsicherheit“ der Nachkriegszeit „die Reinheit und Kraft der lyrischen Empfindung tröstlich entgegen“ und waren nun abermals in fast allen Salzburg-Anthologien, Bildbänden und Almanachen vertreten. Auch das Genre des historischen Salzburg-Romans erfreute sich nach der Katastrophe des Weltkriegs großer Beliebtheit. Pert Peternell („Die Mozarts“) und Erwin H. Rainalter („Mirabell“) präsentierten ihren Lesern „Salzburg-Mythisches in Form von Barock- und Mozart-Verklärung, als Rückgriff in eine nicht mehr unmittelbar bewegende Vergangenheit“.[253]

Kurt Moldovan, „Makartsteg und Kollegienkirche“ (1948)

In der künstlerischen Vermittlung des Bildes von der „Schönen Stadt“ dominierten nach 1945 zunächst aber die bildenden Künstler. Die realistisch-nüchterne Stimmung der unmittelbaren Nachkriegszeit zeigt sich am ehesten noch im gezeichneten bzw. grafisch reproduzierten Stadtbild, so etwa in einzelnen Arbeiten von Anton Steinhart, Albert Birkle oder auch Kurt Moldovan. Unter den Malern waren es vor allem die zum Teil schon seit der Zwi-

Aus Anton Steinharts Rohrfederzeichnung (1945), auf der die zerbombte Domkuppel deutlich zu erkennen ist, ist alles Lieblich-Verklärende der üblichen Salzburg-Ansichten verschwunden. Die Zerstörung der Domkuppel bereits beim ersten Fliegerangriff auf die Stadt am 16. Oktober 1944 war für viele Salzburger *die* traumatische Kriegserfahrung: man hatte sich bis dahin in der trügerischen Hoffnung gewiegt, die weltberühmte „Schöne Stadt“ würde verschont bleiben.

schenkriegszeit hier ansässigen Vertreter der gemäßigten Moderne, unter ihnen der aus Norddeutschland stammende Max Peiffer Watenphul sowie der ihm freundschaftlich verbundene Eduard Bäumer, welche die bis in die Romantik zurückreichende Tradition der stimmungsvoll inspirierten Stadtansicht fortführten. Wie schon für die romantischen „Entdecker“ Salzburgs bedeutete die Stadt für Peiffer Watenphul „einen Vorposten Italiens und mehr als nur eine Durchgangsstation“.[254] Obwohl seine über vierzig Salzburg-Bilder überwiegend in den letzten Kriegsjahren – für den Künstler eine Phase der inneren Emigration – entstanden waren, leiten sie unmittelbar über in die klassische Spätphase seines Schaffens, in der Peiffer Watenpuhl zu einer Leitfigur der Salzburger Malerszene aufstieg, die mit Eduard Bäumer, Herbert Breiter, Rudolf Hradil, Agnes Muthspiel, Trude Engelsberger, Wilhelm Kaufmann und Lukas Suppin über eine beachtliche Zahl von Talenten verfügte.

Peiffer Watenphul entführte die 1945 am Neubeginn stehende Salzburger Malerei nach Ansicht des Kunsthistorikers Nikolaus Schaffer „mit sanfter Gewalt vom geradlinigen Weg der Moderne auf einen ‚Boulevard der Dämmerungen‘“. Die traditionelle, vor allem auf die Landschaft bezogene Thematik habe

Die Zerstörungen im Stadtbild wurden von den bildenden Künstlern nach Kriegsende weitgehend ausgeblendet. Eine der wenigen Ausnahmen war der in Salzburg in innerer Emigration lebende Künstler Eduard Bäumer. Sein Aquarell „Zerstörte Schranne in Salzburg" (1945) zeigt jenen kurzen Moment vor dem Wiederaufbau, in dem das Bild der „Schönen Stadt" geborsten erscheint.

dazu beigetragen, dass „sich der Ruf eines ein anachronistisches Sonderdasein führenden ‚Eldorados der Anti-Moderne'" verfestigt habe. Dass sich die Salzburger Maler – so Schaffers These – „mit so großer Einmütigkeit für die Neubelebung einer Art von Stimmungsmalerei entschieden, lässt sich vielleicht auch aus dem Nachwirken eines gerade in Salzburg tief verwurzelten romantischen Naturgefühls erklären. Dabei vollzog sich allerdings ein interessanter Richtungswechsel der ästhetischen Landnahme. Denn lange nachdem sich die Salzburg-Begeisterung der Deutsch-Römer und ihrer Nachfolger verflüchtig hatte, waren es nunmehr Salzburger Maler, die als Botschafter eines poetisch umflorten Blicks in Städte und Länder ausschwärmten".[255]

Thematisch beschränkten sich die Künstler der Nachkriegszeit ebenso wie frühere Malergenerationen auf die variationsreiche Wiedergabe der Silhouette der Stadt, wobei der Blick von den Stadtbergen auf die Türme und Kuppeln der Altstadt sich als Motiv besonderer Beliebtheit erfreute, im Gegensatz zu den Stadtansichten der Romantik aber die gänzliche Unbelebtheit der Szenerie auffällt. Auch Oskar Kokoschka stellte sich 1950 mit seiner berühmten Stadtansicht „Salzburg vom Kapuzinerberg" in den

Max Peiffer Watenphul stieg nach 1945 zur Leitfigur der Salzburger Malerszene auf. In seinen über vierzig Salzburg-Bildern führte er die bis in die Romantik zurückreichende Tradition der stimmungsvoll inspirierten Stadtansicht fort (hier: „Blick vom Mönchberg auf den Dom", 1944).

Herausragende Persönlichkeit der naiven Malerei in Salzburg war Agnes Muthspiel. Hier: „Salzburger Türme" (1957).

Dienst dieser Tradition. Motive abseits der „Schönen Stadt" fanden dagegen – sieht man von einigen bemerkenswerten Vorstadtansichten Rudolf Hradils ab – so gut wie keine Beachtung. Während die reale Stadt also bereits durch baulichen Wildwuchs und massentouristische Überflutung geprägt war, verharrte jener Teil der regionalen Kunstszene, der sich die Stadt zum Thema wählte, in der Bildwelt des 19. Jahrhunderts. Zu den Spätfolgen dieser Dominanz des traditionellen künstlerischen Städtebilds in den 1940 und 1950er Jahren zählt auch, dass eine Form der naiven Malerei – man denke an Agnes Muthspiel und Regine Dapra – hier besonders gedieh und sich das stimmungsträchtige Aquarell einer bis heute anhaltenden Beliebtheit erfreut.[256]

Als zeitgemäße und populäre Spielart des künstlerischen Städtebildes profilierte sich nach 1945 die Kunstfotografie. Auch hier bestanden personelle Kontinuitäten, die bis in die Zwischenkriegszeit oder in die nationalsozialistische Ära zurückreichten. So gaben Stefan Kruckenhauser, Alois Schmiedbauer und Kurt Peter Karfeld ihre ganz oder teilweise Salzburg gewidmeten Bildbände in den 1950er Jahren neu heraus.[257] In großem Maßstab setzte die Produktion von Salzburg-Bildbänden aber erst mit dem Aufstieg des Massentourismus ein, der diesem Genre letztlich bis in die Gegenwart optimale Absatzchancen garantiert. Heute ist die Zahl der in den letzten 50 Jahren erschienenen Salzburg-Bildbände kaum mehr überschaubar, überdies kennzeichnet die meisten Publikationen eine monotone

Salzburgs Dachlandschaft – hier „St. Peter und der Dom“ (1970) – zählte zu den bevorzugten Motiven des aus Schlesien stammenden Wahlsalzburgers Herbert Breiter.

Wiedergabe altbekannter touristisch verwertbarer Bildstereotypen.[258] Die Erschließung neuer Perspektiven auf die „Schöne Stadt“ durch innovative Fotografen war dagegen stets die Ausnahme: erwähnenswert unter den Auswärtigen sind etwa Walter Hege oder Franz Hubmann,[259] unter den in Salzburg Ansässigen Karl Pospesch, Josef Dapra, Karl Schnelle oder Oskar Anrather.[260] Der Blick auf die „andere Stadt“ blieb dem gegenüber weitgehend ausgespart, und auch die Verfremdung der überlieferten Ikonografie des „Schönen“ beschränkt sich bis heute auf einige wenige Experimente der fotografischen Avantgarde.[261] Die Stadterweiterung der Wirtschaftswunderära war ebenfalls kein Thema. Fast könnte man meinen, der Einbruch der Moderne in das Stadtbild in Gestalt von Hochhäusern („Hotel Europe“), Wohnsiedlungen oder infrastrukturellen Einrichtungen sei einem selbst auferlegten Bilderverbot unterlegen. In Summe wirkte in der Salzburg-Fotografie der Nachkriegszeit – fast im selben Ausmaß wie in der bildenden Kunst – die romantische Tradition einer künstlerischen Verhüllung der realen Welt ungebrochen weiter fort.

Bildende Kunst und Fotografie dienten in den ersten Nachkriegsjahrzehnten vielfach nur als schmückendes Beiwerk für mehr oder weniger anspruchsvolle Tourismuswerbung oder zur Illustrierung jenes kunstvoll inszenierten Selbstbildes, das amtliche oder halbamtliche Publikationen zu dieser Zeit von Stadt und Land Salzburg vermittelten. Was in der modernen Werbewirt-

Die Künstler der Nachkriegszeit konzentrierten sich ebenso wie frühere Malergenerationen auf die variationsreiche Wiedergabe der Silhouette der Stadt. Auch Oskar Kokoschka folgte 1950 mit seiner berühmten Stadtansicht „Salzburg vom Kapuzinerberg“ dieser Tradition.

schaft „Mythos-Marketing“ genannt wird,[262] war in den Salzburg-Medien der 1950er und 1960er Jahre bereits gang und gebe. Besondere Anstrengungen zur Wiederbelebung des Klischees vom „Salzburger Flair“, welches das Stadt-Bild der Zwischenkriegszeit geprägt hatte, unternahm etwa „Das Salzburger Jahr“, ein von der Salzburger Landesregierung herausgegebenes Kulturjahrbuch. 1959 pries Rudolf Bayer, Verfasser zahlreicher Salzburg-Hymnen, Salzburg als Stadt, „die noch Lebensart habe, die eine Landesstadt sei ohne Landstadt zu sein, in der das Gestern und das Heute lebendig und einhellig Nachbarschaft hielten und die Kultur sich noch nicht vom tragenden Grunde eines gemeinsamen Daseinsgefühls emanzipiert, verselbständigt und gleichsam als fachliche Institution gesetzt habe“.[263] Bayer ironisiert das Klischee der „Schönen Stadt“ allerdings selbst, wenn er Jahre später schreibt: „Es macht einen Unterschied, ob man sagt, Salzburg ist schön, oder ob man Salzburg nachsagt, die Stadt sei schön. Das eine ist wahrgenommene Schönheit, das andere geglaubte: man sagt, man hört, dass Salzburg schön sei. Die Nachrede, das Gerücht wird in der Werbung zum Versprechen.“[264] Neben den zahlreichen Bildbänden und einer ausufernden touristischen Stadtführer-Literatur trugen nach 1945 auf gehobenem Niveau auch essayistische Stadtbeschreibungen und historische Salzburganthologien zur Tradierung eines mythischen Stadtbildes bei.[265]

Abgesehen von seiner Aufgabe im Dienste des Fremdenverkehrs erfüllte der Salzburg-Mythos eine wesentliche Funktion bei der regionalen wie auch gesamtösterreichischen Identitätsfindung. Salzburg wurde nach 1945 – in Anknüpfung an die kulturell fundierte Österreichideologie der Ersten Republik – zum integralen Bestandteil jenes Selbstbilds vom „Kulturland Österreich“, das in der Wahrnehmung des In- wie auch des Auslandes geprägt wurde durch den „harmonischen Zusammenklang von Landschaft, historischer Bausubstanz und Kultur, mit besonderer Dominanz von klassischer Musik, Tradition und Brauchtum“.[266] Derartige Zuordnungen wurden von den gesamtösterreichischen Bildgestaltern in allen Medien vorgenommen. In den offiziellen und offiziösen Österreich-Bildbänden der frühen Zweiten Republik scheint Salzburg entweder als Denkmal zeitloser Schönheit oder als Schauplatz der in eine heitere Sommerlandschaft eingebetteten Festspiele auf. Wochenschauen und vor allem der Heimatfilm der 1950er Jahre brachten die Postkarten-Idylle zur selben Zeit in bewegten Bildern auf die Leinwand. Salzburg lieferte Österreich den Festspielmythos, den kulturellen Heros Mozart (200. Geburtstag 1956 und 200. Todestag 1991) und – nicht zu vergessen – das Phänomen Herbert von Karajan.

Karajan und Mozart. Karikatur aus der Washington Post.

Salzburgs Rang als „Mozartstadt“ prägt das Image der Stadt im gesamtösterreichischen Kontext bis in die Gegenwart. Der Komponist zählt gemeinsam mit Johann Strauß und Kaiserin Maria Theresia zu jenen „nationalen“ Identifikationsfiguren, die ihren

Zu den ambitionierten Salzburger Kunstfotografen der Nachkriegszeit zählt Carl Pospesch. Die den „Blick aus dem Schloß Mirabell auf Festung und Mirabellgarten“ (ca. 1956) umrankenden Magnolienzweige haben – so lässt sich vermuten – hilfreiche Hände in den Bildausschnitt gehalten.

Platz im kollektiven Gedächtnis über alle politischen Zäsuren hinweg behaupteten.[267] Einer aktuellen Umfrage nach steht Mozart an der Spitze aller lebenden oder toten Persönlichkeiten aus Politik, Wissenschaft, Kunst und Sport, auf welche die Österreicher stolz sind.[268] Mozart ist „Salzburger" und darüber hinaus der weltweit bekannteste Österreicher. Salzburgs Image als „Mozartstadt" hat zwar immer wieder eine Anpassung an die jeweiligen Zeittendenzen erfahren, sich in seinen Grundzügen aber nur wenig verändert. Bis zur Gegenwart findet die Einvernahme Mozarts durch seine Geburtsstadt auf jenen beiden Handlungsebenen des „Mozartkults" statt, die seit den 1920er Jahren relativ unvermittelt nebeneinander existieren: zum einen erfolgt eine maximale Vermarktung bzw. Verkitschung Mozarts als Werbeträger im Dienste des Fremdenverkehrs, (was den Objektkünstler Anton Thuswaldner 1991 zur symbolträchtigen und in der Öffentlichkeit heftig umstrittenen Umhüllung des Mozartdenkmals mit Einkaufswägelchen veranlasste[269]); zum anderen erhebt Salzburg den Anspruch auf eine mustergültige Pflege seines Werks auf höchstem Niveau.

Die Kultfigur Mozart dient heute als Namensbestandteil von Konsummarken und Produktbezeichnungen von Gütern, die mit seiner Geburtstadt weltweit in Bezug gebracht werden. Im österreichischen Markenregister finden sich 1992 rund 80 Eintragungen, die das Wort Mozart verwenden, weitere zehn sind in ausländischen Markenregistern zu finden. Besonders gut scheint sich der Name für Süßwaren zu eignen. Das berühmteste Produkt darunter ist unbestritten die Mozart-Kugel, die heute bereits auf eine fast hundertjährigeGeschichte zurückblicken kann. War die Mozartkugel zunächst noch eine echte Salzburger Spezialität, so erfolgte nach dem Zweiten Weltkrieg der Aufstieg zu einem „Österreichprodukt" schlechthin. Der Süßwarenhersteller „Mirabell" verkaufte allein im Jahr 1991 rund 100 Millionen Mozartkugeln, was aneinander gereiht einer Strecke von rund 3000 Kilometern entspricht.[270]

Unbehagen an der Vermarktung Mozarts im Dienste des Fremdenverkehrs veranlasste den Objektkünstler Anton Thuswaldner 1991 zu seiner umstrittenen Umhüllung des Mozartdenkmals mit Einkaufswägelchen.

Zusammenfassend kann festgestellt werden, dass das ursprünglich „im Diskurs der Eliten und bürgerlichen Oberschichten gepflegte Bild geglückter Salzburger Harmonie aus Natur und Kunst" erst in der Zweiten Republik allgemeine Verbreitung gefunden hat, nun aber maßgeblich beeinflusst durch Elemente der Trivialkultur.[271] Diese Vermittlungsarbeit lief auf mehreren Schienen, wobei – neben Film und Tourismuswerbung – der Schule, durch Heimatkunde und Feierstunden, eine wichtige Rolle zukam. Mozarts 200jähriger Geburtstag wurde 1956 etwa an allen österreichischen Pflichtschulen gewürdigt.[272]

Das Image Salzburgs wurde im Zeitalter des Massentourismus – allein von 1981 bis 1992 stieg die Zahl der Übernachtungen von 1,465 Millionen auf 1,725 Millionen[273] – aber nicht nur von Mozart und den Festspielen geprägt: „Neben der Stadt der Hochkultur

Noch bis in die 1970er Jahre war die Altstadt das vitale Zentrum Salzburgs. Unbekümmert wurden sogar die Plätze im Dombezirk – wie diese Aufnahme von Josef Dapra zeigt – mit Automobilen zugeparkt. Heute streitet man darüber, ob die Aussperrung des Verkehrs den Verfall der Altstadt eingeleitet hat. Entscheidend für den anhaltenden Funktionsverlust der Altstadt, die heute weniger als vier Prozent der Stadtbevölkerung beherbergt, war wohl eher die ungehemmte Ansiedlung von Einkaufszentren am Stadtrand.

gibt es gewissermaßen ein zweites Salzburg, das den Mythos der heilen Welt im Dorf symbolisiert, eine Harmonie zwischen Mensch und Natur suggeriert – ein ‚Sound-of-Music-Image'".[274] Tatsächlich hat die Hollywood-Verfilmung des Lebens der aus Salzburg nach den Vereinigten Staates emigrierten Familie Trapp entscheidend zur weltweiten und mediengerechten Vermarktung des alten Salzburg-Mythos von der „Schönen Stadt" beigetragen, und zwar unter Einbeziehung des überlieferten Klischees von der heilen Welt in den Alpen, das bereits in den 1920er Jahren in Amerika unter dem Markenzeichen des „Tyrolese Style" Verbreitung gefunden hatte.[275]

Auch wenn die trivialisierte Salzburg-Wahrnehmung von Hammersteins Musical „Sound of Music" gerade in Österreich auf Unverständnis stieß, so stellte dessen Verfilmung durch „an der Schwelle zum audiovisuellen Zeitalter" die denkbar effizienteste und billigste „Salzburg-Image-Kampagne" dar. Millionen von Amerikanern sahen sich durch den Film zum Besuch von Salzburg motiviert. Auch dreißig Jahre danach gaben drei von vier amerikanischen Touristen den Film als Hauptgrund ihrer

Im Vergleich mit Georg Jungs „Festspielauffahrt“ von 1929 (s. S. 75) dokumentiert Josef Dapras Fotografie (1975) den Wandel dieses Rituals. Seitdem Chauffeure nicht mehr zu den selbstverständlichen „Accessoires“ der Reichen zählen, zudem die Parkgaragen im Mönchsberg eine bequeme Zufahrt ermöglichen, hat das Spektakel der Festspielauffahrten beträchtlich an Glanz verloren.

Österreich-Reise an.[276] Die Salzburger Tourismuswirtschaft nutzt dieses Potential bis in die Gegenwart, indem sie das „Sound of Music“-Image der Stadt für den US-amerikanischen Tourismusmarkt sorgsam kultiviert und an die jeweiligen touristischen Trends anpasst. Obwohl der Film „im Salzburger Selbstverständnis, in der Salzburger Identität, nicht zur eigenen Geschichte oder Kultur gehört, wird er den Gästen als genau das präsentiert“.[277] Das „Sound of Music“-Phänomen ist in seiner Art jedoch nicht einmalig. Wilhelm Meyer-Försters 1901 uraufgeführtes Schauspiel „Alt-Heidelberg“, das schon vor dem Ersten Weltkrieg einen beispiellosen Siegeszug über die deutschen und auch internationalen Bühnen erlebt hatte, zählte in der Zwischenkriegszeit in Sigmund Rombergs Operettenversion „The Student Prince“ zu den größten Broadwayerfolgen und prägt das Bild der Amerikaner von „good old Germany“ ebenso dauerhaft wie 40 Jahre später „Sound of Music“ das einer österreichischen Alpenidylle.[278]

„DIE ANDERE STADT"

Unbehagen im „Schönheitsmuseum"

„Die Stadt ist, von zwei Menschenkategorien bevölkert, von Geschäftemachern und ihren Opfern, dem Lernenden und Studierenden nur auf die schmerzhafte, eine jede Natur störende, mit der Zeit *verstörende* und *zerstörende*, sehr oft nur auf die heimtückisch-tödliche Weise bewohnbar."[279] Schon am Beginn des ersten Bandes seiner Erinnerungen stellte Thomas Bernhard 1975 gerade jenes Salzburg-Bild radikal infrage, das in der Fremdenverkehrswerbung wie auch in allen kulturpolitischen Selbstdarstellungen bis dahin vorgeherrscht hatte.[280] Aber nicht nur die schonungslose Abrechnung mit der nationalsozialistischen Ära und der katholischen Restauration der Nachkriegsjahre sorgte für beträchtliche Irritationen. Auch die von Bernhard lustvoll inszenierte Demontage des tradierten Klischees der „Schönen Stadt" wurde als Sakrileg empfunden:[281] „Die Schönheit dieses Ortes und dieser Landschaft, von welcher alle Welt spricht, [...] *ist genau jenes tödliche Element auf diesem tödlichen Boden,* hier werden die Menschen, die an diese Stadt und an diese Landschaft durch Geburt oder eine andere unverschuldete Weise gebunden und mit Naturgewalt daran gekettet sind, fortwährend von dieser weltberühmten Schönheit erdrückt."[282]

Ohne dass es Bernhard beabsichtigt hätte, entsprach seine Umkehrung des Salzburger Schönheits-Mythos in ein von Zerstörung und moralischer Verderbnis geprägtes Bild der Stadt dem zeitgenössisch aufkeimenden Unbehagen an der Stadtentwicklung der ersten Nachkriegsjahrzehnte. Seit den späten 1960er Jahren war unübersehbar, dass die Folgen der dynamischen Stadterweiterung und des überbordenden Massentourismus die Strahlkraft des Mythos der schönen alten Stadt beeinträchtigten. Zaghaft zunächst, dann jedoch mit zunehmender Vehemenz ließen sich kritische Stimmen vernehmen, die angesichts der nach allen Seiten ausufernden Landeshauptstadt und rücksichtsloser Eingriffe in das

Nach dem Baumboom der Nachkriegsjahrzehnte war der romantische Blick von Maria Plain auf Salzburg unwiederbringlich verloren. Um 1970 präsentierte sich die Stadt – so der Architekt Wilhelm Holzbauer – als „eine hässliche Agglomeration von ungegliederten Bauten, ohne jede Beziehung zueinander oder zur Stadt, große Aussatzflecken bildend, die das Land vereitern und den Zugang zur Stadt trostlos, hässlich und enttäuschend machen".

überkommene bauliche Gefüge der Altstadt die von Landes- wie Stadtpolitikern unter dem Eindruck des „Wirtschaftswunders" entworfene Vision eines „einmaligen Zusammenklangs von Natur und Technik" und einer „Symbiose der Wirtschaft mit der Kultur" (Landeshauptmann Josef Klaus) in Frage stellten.[283]

1965 war der Gegensatz zwischen „Schöner Stadt" und dem hässlichen „anderen Salzburg" erstmals zum öffentlichen Thema geworden, nachdem der renommierte Kunsthistoriker und kulturkonservative Vordenker („Verlust der Mitte") Hans Sedlmayr unter dem Eindruck der Demolierung einer ganzen Reihe von Altstadtbauten seinen berühmten Aufruf zur Rettung der Salzburger Altstadt veröffentlicht hatte.[284] Der Architekt Wilhelm Holzbauer umschrieb wenige Jahre später die beiden Gesichter der zeitgenössischen Stadt: Salzburg sei einerseits ein "architektonischen Gesamtkunstwerk", dessen einzelne Bestandteile „auf fast mysteriöse Art sich komplementieren" und das Bild einer Stadt ergeben, „deren Erscheinung in ihrer Gesamtheit und Geschlossenheit, ihrer Kompaktheit, von nur wenigen Städten erreicht und von keiner anderen Stadt übertroffen wird". Dem stehe „das andere Salzburg" gegenüber: „eine hässliche Agglomeration von ungegliederten Bauten, ohne jede Beziehung zueinander oder zur Stadt, große Aussatzflecken bildend, die das Land vereitern und den Zugang zur Stadt trostlos, hässlich und enttäuschend machen". Nach Ansicht Holzbauers stehe „kaum in einer anderen Stadt [...] die Geschlossenheit und relative Unversehrtheit des alten Stadtkörpers in derartigem Widerspruch zu den umgebenden chaotischen Baugebieten, nur ganz wenige Städte lassen auf Grund ihrer Topographie die an ihnen begangenen baulichen Verbrechen so deutlich werden, wie dies in Salzburg der Fall ist".[285]

Gesetzliche Schutzbestimmungen für den Altstadtbereich verhinderten nicht, dass sich die Kluft zwischen historischem Stadtkern und städtischer Agglomeration im Zuge der jüngsten Phase der Stadtentwicklung weiter vertiefte. Hatte die Sorge eines Teils der Öffentlichkeit zunächst vor allem der gefährdeten Altstadt gegolten, so stand nun die Stadt als Ganzes im Mittelpunkt des Interesses. Hans Sedlmayr, der „spiritus rector" der Salzburger Bürgerinitiativen, trat 1970 erneut an die Öffentlichkeit, indem er die Horror-Vision einer „Stadt ohne Landschaft" entwarf.[286] Publizistisch stand ihm Karl Heinz Ritschel zur Seite, der in den „Salzburger Nachrichten" immer wieder den Zeigefinger auf neue Bausünden in der „vermurksten Stadt" richtete.[287]

Der Bewusstseinsstand von Öffentlichkeit und Politik in Fragen des Denkmals- und Ensembleschutzes war zunächst völlig unterentwickelt. Was zählte, war einzig die kommerzielle Verwertbarkeit der Objekte, und noch 1965 hielt Bürgermeister Alfred Bäck es für vollkommend ausreichend, den „Charakter" der

Motive abseits der „Schönen Stadt“ fanden bei den Malern der Nachkriegszeit kaum Beachtung. Rudolf Hradils „Peripherie“ (1970) zählt zu den wenigen Ausnahmen.

Altstadt zu bewahren und zugleich für notwendig, „zahlreiche" nicht sanierbare Häuser durch Neubauten zu ersetzen.[288] Folglich war es auch nicht Bäck, sondern der kulturbewusste Landeshauptmann Hans Lechner, der trotz großer Widerstände, auch von Seiten der Wirtschaft, beharrlich auf gesetzliche Schutzbestimmungen für den Altstadtbereich drängte und damit sehr wesentlich zum Erlass des Salzburger Altstadterhaltungsgesetzes von 1967 beitrug.[289]

Das neue Gesetz, mit dem „das Land die Stadt vor ihren eigenen Bürgern schützen mußte",[290] beschränkte sich zunächst noch auf den bloßen Fassadenschutz. Nach einer Reihe von Demolierungen, welche eindrucksvoll die Ohnmacht des Altstadterhaltungsgesetzes gegenüber spekulativen Interessen aufgezeigt hatten, wurde dieses 1980 einer grundsätzlichen Neufassung unterzogen.[291] Seitdem kennzeichnen behutsame Sanierungen unter strikter Rücksichtnahme auf die historische Bausubstanz das Baugeschehen im Salzburger Altstadtkern, ohne dass dadurch freilich der Prozess einer von Kapitalverwertungsstrategien bestimmten monofunktionalen Citybildung zum Stillstand gekommen wäre. Die heute in den Konsummeilen der ganzen Welt dominierenden Filialen der großen Handelsketten bestimmen längst auch das Bild der Getreidegasse sowie der umliegenden Plätze und Gassen der Altstadt. Zugleich verstärkt der Rückgang an Wohnbevölkerung bei manch einem skeptischen Beobachter den Eindruck eines riesigen Freilichtmuseums.

Der seit 1970 rapide voranschreitende ökonomische, demografische und auch kulturelle Bedeutungsverlust der Altstadt innerhalb des Stadtganzen wurde durch die Erhebung von Salzburgs Altstadt in den Rang eines „Weltkulturerbes" im Herbst 1997 nur scheinbar kompensiert. Der UNESCO-Titel bestätigte zwar hochoffiziell Salzburgs Image als „Schöne Stadt". Ob die zum „Schönheitsmuseum"[292] herabgesunkene Altstadt aber im gesamtösterreichischen Kontext oder wenigstens im regionalen Rahmen heute noch eine wesentliche gesellschaftlich-kulturelle Sinnstiftungs-Funktion erfüllt, erscheint angesichts der den säkularen Wertewandel begleitenden „Heimat-, Geschichts- und Vertrautheitsverluste" jedoch als fraglich.[293]

Fast zeitgleich zur Kontroverse über die Zerstörung von Altstadt und Stadtlandschaft setzte die kritische Auseinandersetzung einer jungen Generation von Schriftstellern mit dem tradierten Bild der „schönen" und zugleich wirtschaftlich erfolgreichen Stadt ein. Den alten Klischees wurde seit den frühen 1970er Jahren das Spiegelbild des „anderen Salzburg", also der politischen und sozialen Realität sowie der alltäglichen Lebenswelt abseits der touristischen Perspektive, entgegengehalten.[294] War der Blick hinter die schöne Kulisse seit der Romantik die seltene Ausnahme gewesen, so wählten nunmehr vor allem die Literaten eine „neue Form von

Wirklichkeits-Registratur, Vergangenheit und Gegenwart umfassend" zum Stilmittel ihrer Salzburg-Interpretationen.[295] Gerhard Amanshauser war einer der ersten, der die Versatzstücke des Salzburg-Mythos aufgriff und in satirischer Form demontierte.[296] Mit Thomas Bernhards „Ursache" erreichte – wie bereits erwähnt – die radikale Abkehr vom Klischee der „Schönen Stadt" 1975 ihren literarischen Höhepunkt. Bernhards Abrechnung mit der Stadt seiner Jugend, die „für den, der sie und ihre Bewohner kennt, ein auf der Oberfläche schöner, aber unter dieser Oberfläche tatsächlich fürchterlicher Friedhof der Phantasien und Wünsche" sei,[297] gilt heute als Meisterwerk der autobiografischen Weltliteratur. So verwundert es nicht, dass das Bild vom „anderen Salzburg" längst Teil des tradierten „Salzburg-Mythos" geworden ist. Die meisten der in den letzten Jahren erschienenen Salzburg-Anthologien beinhalten neben den herkömmlichen hymnischen Stadtbeschreibungen auch Texte salzburg-kritischer Autoren, die, wie Erich Fried („Salzburg? Schönheit von Unerträglichkeit bewohnt"), ihren zwiespältigen Empfindungen Ausdruck verleihen.[298]

An Versuchen, das „andere Salzburg" aus der offiziösen „Erinnerungskultur" möglichst auszublenden, mangelt es bis in die Gegenwart nicht. Nur heftiger Protest aus dem In- und Ausland veranlasste die Stadtverwaltung, den Text auf einer Gedenktafel für Theodor Herzls Salzburg-Aufenthalt: „In Salzburg brachte ich einige der glücklichsten Stunden meines Lebens zu", mit dem bis dahin verschwiegenen Zusatz zu versehen: „Ich wäre auch gerne in dieser schönen Stadt geblieben, aber als Jude wäre ich nie zur Stellung eines Richters befördert worden."[299]

Zum Abschluss sei noch auf jenes „Bild" von Salzburg verwiesen, das in den letzten Jahrzehnten – weitgehend losgelöst von allen Klischees – die Einstellung zahlreicher Österreicher gegenüber der Stadt insofern in höchst pragmatischer Weise geformt hat, als es sie dazu veranlasst hat, hier ihren Wohnsitz zu nehmen. Der Wirtschaftshistoriker Josef Wysocki beschrieb vor 20 Jahren das „Salzburg-Phänomen" als echtes Unikat im innerösterreichischen Vergleich städtischer Standortqualitäten. Nach seiner Definition handelt es sich hierbei um „ein Konglomerat von heterogenen Eigenschaften, die in ihrer Gesamtheit bewirken, daß dem Ortsfremden das Leben im Geltungsbereich dieses Phänomens erstrebenswert erscheint".[300] Seine Bestätigung findet das „Salzburg Phänomen" im kontinuierlichen Bevölkerungswachstum des städtischen Raums: während sich die Einwohnerzahl Österreichs im Zeitraum 1890 bis 1991 nur um 34 Prozent, die des Bundeslandes Salzburg immerhin um 178 Prozent vermehrte, nahm jene der Stadt hingegen um 278 Prozent zu. Hatte Salzburgs Entwicklung bis 1939 im allgemeinen Trend der Ausbildung regionaler Metropolen (bei gleichzeitiger Schwächung der Position Wiens) gelegen, so setzte die Stadt während des Krieges und in der unmittelbaren Nachkriegszeit zu einem im österreichischen Städtevergleich ein-

Dieser Blick aus dem Hotel Europa weist januskköpfig auf die Schönheit und die Zerstörung der Stadt gerade durch die touristische Ausbeutung. Salzburgs einziges echtes Hochhaus verspricht zwar allen Besuchern einen optimalen Blick auf das Altstadtensemble, zugleich verstellt die „aufgestellte Streichholzschachtel" brutal die klassische Blickachse von Maria Plain auf die Stadt. Dieser Barytabzug von Andrew Phelps ist Teil einer größeren Serie, die anläßlich der Diskussion über Abbruch oder Erhalt des Hauses entstand. Die Bildaccessoires und der warme Galerieton kennzeichnen, dass der Konflikt, den dieses Haus in Salzburg hervorrief, selbst historisch geworden ist.

Als Warnung vor einem von der Bauspekulation angetriebenen hemmungslosen Stadtwachstum gab der Kunsthistoriker Hans Sedlmayr in den 1970er Jahren die Parole von der „Stadt ohne Landschaft“ aus. Mit den Mitteln der Computertechnologie generierte der Salzburger Medienkünstler Dieter Huber in einem Austausch der Begriffe hier eine „Landschaft ohne Stadt“. Das scheinbar idyllische Abbild reiner Natur „beamt“ den Betrachter zurück in eine mythische Vergangenheit weit vor dem Beginn unserer Zeitreise durch die Bildgeschichte Salzburgs und entlarvt dadurch alle Mythen über diese Stadt und ihre Landschaft als Projektionen. Offen bleibt freilich, ob dieses Bild nicht jenen Tag nach aller Geschichte meint, an dem auch diese Stadt gewesen sein wird.

zigartigen demografischen Höhenflug an, der zweifellos Ausdruck ihrer außergewöhnlichen, und nicht nur wirtschaftlich bedingten Anziehungskraft ist.

Geht man davon aus, dass das Phänomen der raumbezogenen Identität eine wesentliche Grundlage für die Entstehung kollektiver Images von Orten ist, dann fiel den Salzburger Zuwanderern der letzten Jahrzehnte „eine bejahende Identifikation" mit ihrer neuen Lebenswelt offenbar besonders leicht. Bemerkenswert allerdings ist, dass die Salzburger Altstadt – die heute lediglich 3,5 Prozent der Salzburger Stadtbevölkerung beherbergt – die Identität der Salzburger weit weniger prägt als man angesichts der weltweiten Berühmtheit des Stadtkerns annehmen würde.[301] Wie in allen modernen Agglomerationen konzentriert sich die emotionale Ortsbezogenheit der Individuen auch in Salzburg vor allem auf die Wohnsiedlungen und Einkaufszentren am Stadtrand und in den Umlandgemeinden sowie auf die Freizeitlandschaft der näheren Umgebung. Wenn der „Mythos Salzburg" im Bewusstsein der heutigen Salzburger Stadtbevölkerung dennoch weiterlebt, dann nicht mehr im Sinne des romantischen Glückversprechens, sondern als Vorstellung von einem Lebensraum, der die Standortqualitäten eines wirtschaftlich dynamischen zentralen Ortes mit den Vorteilen einer besonders attraktiven „Freizeitlandschaft" verbindet.

ANMERKUNGEN

1 Dörner: Politischer Mythos und symbolische Politik, 19.
2 Barthes: Mythen des Alltags, 141.
3 Griessmaier: Österreich. Landschaft und Kunst, 38.
4 Schweiger: Österreichs Image in der Welt.
5 Vgl. Wagner: Österreich. Zweite Republik, 981.
6 Ulram: Meinungsumfrage zur österreichischen „kulturellen Gedächtniskultur".
7 Schama: Der Traum von der Wildnis, 74 f.
8 Luger: Salzburg als Bühne und Kulisse, 176.
9 Vgl. Müller: „Die schöne Stadt".
10 Barthes: Mythen des Alltags, 131.
11 Göncz: Rede zur Eröffnung der Salzburger Festspiele, 357.
12 Vgl. Franz: Von der Unersättlichkeit der Ungeliebten.
13 Vgl. Mythos-Marketingcontrolling. www.grp-net.com/service/11.html.
14 Vgl. z.B. Gebhardt, Zingerle: Pilgerfahrt ins Ich, 237 ff.
15 Deutsch (Hg.), Franz Schubert, 282 f.
16 Zillner: Salzburg in den letzten fünfzig Jahren, 286.
17 Vgl. Grote: Die romantische Entdeckung Nürnbergs; Czarnowski: Nürnberg – „gemauerte Chronik oder „Abfallhaufen der Geschichte"?; Fink: Heidelberg, 473-487.
18 Schmauss: Der allerneueste Staat des Erz-Bisthums Salzburg, 6, zit. nach: Höllbacher: Landschaft und Stadt als entwicklungsgeschichtliche Paradigmen, 91 f.
19 Theatermethaphorik ist ein typisches Ausdrucksmerkmal der Biedermeierära. Der Vergleich des gebirgsumrandeten Salzburger Beckens mit einem Amphitheater findet sich freilich bereits bei Riesbeck: Briefe eines reisenden Franzosen, 67.
20 Österreichische National-Encyclopaedie 475 ff., zit. nach: Höllbacher: Landschaft und Stadt, 92.
21 Hübner: Beschreibung der hochfürstlich erzbischöflichen Haupt- und Residenzstadt Salzburg, 468.
22 Vgl. dazu: Hoffmann: Die Romantiker „entdecken" Salzburg.
23 Vierthaler: Reisen durch Salzburg; Derselbe: Meine Wanderungen durch Salzburg, Berchtesgaden, und Österreich, 1 Bd., 1-3.
24 Salzmann: Friedrich Graf Spaurs Leben, 74 f.
25 Ebd., 74.
26 Schultes: Reise durch Salzburg und Berchtesgaden, 2. Theil, 253.
27 Sartori: Neueste Reise durch Österreich, 2. Bd., 10.
28 Schultes: Reise durch Salzburg und Berchtesgaden, 226.
29 Malerisches Taschenbuch, Wien 1812, 211, zit. nach: Pillwein: Geschichte, Geographie und Statistik, 5. Theil: Der Salzachkreis, 274.
30 Stadler: Von der Kavalierstour zum Sozialtourismus, 220 ff.
31 Schwarz: Salzburg und das Salzkammergut, 13.
32 Ebd., 13.
33 Sartori: Neueste Reise durch Österreich, 30.
34 Ebd., 11.
35 Ebd., 23.
36 Ebd., 15; vgl. außerdem: Fuhrmann: Salzburg in alten Ansichten. Bd. 1: Die Stadt.
37 Schwarz: Salzburg und das Salzkammergut, 11.
38 Reise von Venedig, 218.
39 Assmann: Erinnerungsräume, 312.
40 Schwarz: Salzburg und das Salzkammergut, 29; Vgl. Trost: Domenico Quaglio.
41 Krüger: Biedermeier, 117.
42 Haas: Bilder vom Heimatland Salzburg, 149-203.
43 Feuchtmüller: Was kein Auge schauen kann, 9 f.
44 Rudolph Löser: In: Salzburg und seine Umgebungen. München 1845/56. 5, zit. nach Gröner: Salzburger Land: Garten Gottes, 91.
45 Schwarz: Salzburg im Jahre 1815, Sp. 7.
46 Zillner: Salzburg in den letzten fünfzig Jahren, S. 294.
47 Kohl: Hundert Tage auf Reisen, 231.
48 Petition der Salzburger Bürger vom 12. November 1816. Zit. nach: Hintner: Joseph Philipp Felner, 291.
49 Spaur: Spaziergänge, 1.
50 Martin-Fugier: Riten der Bürgerlichkeit, 238.
51 Hoffmann: Salzburg wird „Saisonstadt", 45.
52 Zit. nach Steinhauser: Das europäische Modebad, 95.
53 Karrer: 200 Jahre Villenbau in Aigen.
54 Schaffer: Streifzüge durch das „österreichische Arkadien", 5.
55 Feuchtmüller: Was kein Auge schauen kann, 11f.
56 Ebd., 11.
57 Schaffer: Streifzüge durch das „österreichische Arkadien", 7 ff.
58 Kos: Die Eroberung der Landschaft, 23.
59 Gassner: Johann Michael Sattler und sein Panorama.
60 Amts- und Intelligenz-Blatt zur kaiserl. Königl. privil. Salzburger Zeitung, 1839, 947, Nr. 72 v. 9.9. Sattlers Satz von der Heimkehr des Stadtbildes gemahnt – nach Ansicht Roman Höllbachers, dem ich für diese Anregung danke – an den alten animistischen Glauben, wonach das getreue Abbild den Dingen ihre Seele raube. Indem nun aber das Bild, wie Sattler ausdrücklich betont, unversehrt zurückgekehrt sei, habe er dem Ort zurückerstattet, was er ihm einst entwendete.
61 Kos: Die Eroberung der Landschaft, 31.
62 Brenner: Die Erfahrung der Fremde, 38.
63 Kohl: Hundert Tage auf Reisen, 231.
64 A Handbook for Travellers in Southern Germany, 194.
65 Baedeker: Handbuch für Reisende, 60; zit. nach: Haslinger (Hg.): Salzburg. Reisebuch, 60.
66 Kos: Die Eroberung der Landschaft, 32.
67 Zur Ausformung neuer Raumbilder vgl. Ipsen: Raumbilder.
68 Salzburger Zeitung, 14.12.1861.
69 Ebda., 7.1.1860.
70 Josef Mayburger: Memorandum zur Stadterweiterungsfrage. In: Salzburger Zeitung, Nr. 141; zu Mayburger allg. vgl. Nekrolog MGSL 49, 1909, 587 ff.; Breitinger: Josef Mayburger; Schmiedbauer: J. M. Mayburger.
71 Die Gründung dieser Vorgängerorganisation des heute noch existierenden Salzburger Stadtvereins erfolgte ebenfalls auf Initiative von Mayburger.
72 Salzburger Zeitung, Nr. 151, 7.7.1863.
73 Salzburger Zeitung, Nr. 225, 3.10.1862.
74 Zu Schwarz s. Wurzbach: Biographisches Lexikon; Braumann: Carl Schwarz und seine Bedeutung für die Salzburger Stadterweiterung.
75 Salzburger Volksblatt, Nr. 25, 31.1.1911.
76 Vgl. Plasser: Stadterweiterung.
77 K. Demel: Muß das Linzer-Tor fallen? in: Salzburger Volksblatt, Nr. 128, 1893 (Beilage); Doblhoff: Kunstpflege und Vandalismus; Helfert: Eine Geschichte von Thoren; Höllbacher: Landschaft und Stadt, 163-176.
78 Salzburger Zeitung, Nr. 166, 21.7.1888, zit. nach: Höllbacher: Landschaft und Stadt, 164.
79 Ipsen: Raumbilder, 66.
80 Salzburg und Umgebung, 31.
81 Erstmals nachgewiesen 1870 in: Führer durch Salzburg und seine Umgebungen.
82 S. dazu: Hoffmann: Die Entstehung einer Legende.
83 Meyers Reisebücher. Deutsche Alpen, 25.
84 Z. B. Salzburg. Stadt und Land (1902), 21.
85 Nach 1945 mitunter auch als „Rom des Nordens"; vgl. Murenwald: Salzburg. Bild-Stadtführer.
86 Rader: Dresden, 460.
87 Wiesmüller: Italien in Salzburg, 33.
88 Polleroß: Pro Deo & Pro Populo, 149. Für diesen Hinweis danke ich Roman Höllbacher.
89 Ebd.
90 Ebd.
91 Haas: Bilder vom Heimatland Salzburg, 156 ff.
92 Riesbeck: Briefe eines reisenden Franzosen, 69.
93 Vierthaler: Reisen durch Salzburg, 2f.
94 Schultes: Reise durch Salzburg, 228.
95 Roth: Gesammelte Schriften und Briefe. Bd. 1, 120.
96 Schubert: Briefe und Schriften, 135.
97 Platen: Die Tagebücher (Eintragung v. 27.8.1824), zit. nach: Hofmann: Salzburg. Stadt und Land, 93 f.
98 Turnbull: Reise durch die österreichischen Staaten, 88.
99 Ebd., 128.
100 Platen, zit. nach: Hoffmann: Salzburg. Stadt und Land, 93 f.
101 Chimani: Meine Ferienreise von Wien, 2. Bd., Wien 1830, 8.
102 Bühler: Salzburg, seine Monumente und seine Fürsten, 135.
103 Ebd.

104 Richter: Das Herzogthum Salzburg, 36.
105 Ebd., 43.
106 Ebd., 46.
107 Richter: Salzburg als historische Stätte.
108 Imendörffer: Städte- und Siedlungsbilder aus Salzburg, 358.
109 Feldegg: Die Platz- und Straßenanlagen von Salzburg, 6; s. dazu auch Höllbacher: Landschaft und Stadt, 274.
110 Vgl. Hoffmann: Erzherzog Franz Ferdinand und der Fortschritt.
111 Dvorák: Einleitung zum ersten Band der österreichischen Kunsttopographie. 109; Wiederabdruck aus: Österreichische Kunsttopographie, Bd. 1, Die Denkmale des politischen Bezirks Krems.
112 Höllbacher: Landschaft und Stadt, 6.
113 Riegl: Salzburgs Stellung in der Kunstgeschichte, 3.
114 Ebd., 4.
115 Ebd., 5.
116 Bahr: Salzburg, XI; vgl. Paumgartner: Erinnerungen, 117.
117 Ebd., I.
118 Bahr: Die Schönheit der Stadt Salzburg, 133.
118a Bernhard im Gespräch über Salzburg
119 Bahr: Die Mozartstadt, 304.
120 Zaisberger: Mozart im Spiegel der Salzburger Presse, 137.
121 Gruber: Mozart und die Nachwelt, 77 f.
122 Sartori: Neueste Reise durch Österreich, 15.
123 Reinbeck: Reise-Plaudereien. 1. Bd., 262.
124 Schubert: Briefe und Schriften, 135.
125 Vgl. Assmann: Erinnerungsräume, 21.
126 Trollope: Wien und die Oesterreicher. 1. Bd., Reinbeck: Reise-Plaudereien, 262.
127 Trollope: Wien und die Oesterreicher. 1. Bd., 162.
128 Pillwein: Der Salzachkreis, 314.
129 Die Stadt Salzburg und ihre Umgebungen (1840), 48.
130 Theater Zeitung, Nr. 112 v. 1834, zit. nach. Pillwein: Der Salzachkreis; außerdem berichtet Pillwein, dass „Bucher" es gezeichnet habe, und „J. Hyrtl es in der Kunstausstellung von Wien 1834 im Stiche ausgestellt habe". Ebd., 314.
131 Kohl: Hundert Tage auf Reisen, 247; Koch: Reise in Oberösterreich und Salzburg, 129.
132 Hobsbawm: Introduction: Inventing Traditions, 9.
133 Bruckmüller: Symbole österreichischer Identität, 24.
134 Vgl. Angermüller: Das Salzburger Mozart-Denkmal.
135 Angermüller: Die Errichtung des Salzburger Mozart-Denkmals, 429.
136 Vgl. Spatzenegger: Neue Dokumente zur Entstehung des Mozart-Denkmales.
137 Frankl: Erinnerungen, 315.
138 Vgl. Mielichhofer: Das Mozart-Denkmal zu Salzburg; Hoffmann: Gesellschaft, Politik und Kultur in der Stadt Salzburg.
139 Nipperdey: Nationalidee und Nationaldenkmal in Deutschland, 551; vgl. auch Mitterauer: Anniversarium und Jubiläum, 81.
140 Vgl. Riesenfellner: Zwischen deutscher „Kulturnation" und österreichischer „Staatsnation".
141 Gruber: Mozart und die Nachwelt, 165 f.
142 Mielichhofer: Das Mozart-Denkmal, 18 u. 31.
143 Gruber: Mozart und die Nachwelt, 165.
144 Mielichhofer: Das Mozart-Denkmal, 29 f.
145 Koch: Reise in Oberösterreich und Salzburg, 181.
146 Frankl: Erinnerungen, 315.
147 Gruber: Mozart und die Nachwelt, 166.
148 Haas: Salzburg in der Habsburgermonarchie, 687-692.
149 Vgl. Wagner: Das Mozarteum; Angermüller: Das „Denkbuch des Dom Musik Vereines und Mozarteums zu Salzburg".
150 Zit. nach: Wagner: Das Salzburger Bürgertum, 37.
151 Hoffmann: Salzburg wird „Saisonstadt", 45-51.
152 Führer durch Salzburg und seine Umgebungen (1869), 5.
153 Hoffmann: Bürgerliche Kommunikationsstrategien; vgl. Mitterauer: Anniversarium und Jubiläum, 87.
154 Angermüller, Rech (Red.): Hundert Jahre Internationale Stiftung Mozarteum Salzburg, 21.
155 Lichtenhann: Das bürgerliche Musikfest im 19. Jahrhundert, 176.
156 Widmann: Bilder aus der Geschichte Salzburgs, 17.
157 Berta Zuckerkandl, zit. nach Hanisch: Provinzbürgertum und die Kunst der Moderne, 134.
158 Friedrich Gehmacher: Antrag an das Kuratorium der Internationalen Stiftung Mozarteum v. Oktober 1913, zit. nach: Holl: Dokumente zur Entstehung der Salzburger Festspiele, 152.
159 Merkblatt der Internationalen Mozartstiftung v. 24. Juli 1880, zit. nach. Angermüller, Rech (Red.): Hundert Jahre Internationale Stiftung Mozarteum Salzburg, 20.
160 Zum kuturellen Leben in Salzburg im Fin de Siècle s. Hanisch, Fleischer: Im Schatten berühmter Zeiten, 103 ff.
161 Feldegg: Die Platz- und Straßenanlagen von Salzburg, 6.
162 Müller: „Die schöne Stadt", 313.
163 Hofmannsthal: Die Mozart-Zentenarfeier in Salzburg, 39 f.
164 Kunz: Das Stadtbild von Salzburg, 31 f.
165 Bahr: Die Mozartstadt, 304.
166 Salzburger Volksblatt, 16. Juni 1902. Zit. nach Schaffer: Malerei, Plastik, Architektur, 45.
167 Schaffer: Malerei, Plastik, Architektur 45 f.
168 Graf, Pfaff-Bader: Malerisches Salzburg.
169 Bahr: Salzburg, X.
170 Fred: Salzburg, 5.
171 Schaffer: Malerei, Plastik, Architektur 45 f.
172 Barthes: Mythen des Alltags, 131.
173 Müller: „Die schöne Stadt", 313.
174 Trakl: Die Dichtungen, 12, 183; Graf, Pfaff-Bader: Malerisches Salzburg.
175 Politzer: Musikerlöste Dämonie, 217f. Zitat aus „Winterdämmerung", in: Trakl: Die Dichtungen, 47.
176 Georg Trakl: Dichtungen und Briefe, Bd. 1, 472.
177 Ebd., 549; vgl. Weichselbaum: Georg Trakl, 73.
178 Schaffer: Malerei, Plastik, Architektur, 46.
179 Z. B. in den vom Verlag Eduard Höllrigl, vorm. Hermann Kerber, in zahlreichen Auflagen vertriebenen Reiseführer: Salzburg. Stadt – Umgebung – Ausflüge. Ein Geleit- und Erinnerungsbuch, Salzburg (ca. 1905), mit Illustrationen von E. T. Compton, T. Grubhofer; F. Hegenbarth, P. Rieth u. a.
180 Vgl. Hahnl: Schönes altes Salzburg, 19.
181 Schaffer: Malerei, Plastik, Architektur, 49; vgl. auch Schaffer: Theodor Ethofer.
182 Jelinek u. a.: Deutsches Lesebuch für österreichische Realschulen, 95.
183 Bahr: Salzburg, IX.
184 Politzer: Musikerlöste Dämonie, 220.
185 Zit. nach: Müller: „Das Herz vom Herzen Europas".
186 Steinberg: The Meaning of the Salzburg Festival, 42 ff., (dt. Übersetzung: Ursprung und Ideologie der Salzburger Festspiele); vgl. auch: Walter Weiss: Salzburger Mythos?
187 Haas: Bilder vom Heimatland Salzburg, 168.
188 Vgl. dazu: Steinberg: Ursprung und Ideologie; Gallup: Die Geschichte der Salzburger Festspiele; Huesmann: Welttheater Reinhardt. 42; zu Hofmannsthal vgl. auch: Le Rider: Hugo von Hofmannsthal.
189 Zum Einfluss der Festspielidee Richard Wagners auf die Entstehung der Salzburger Festspiele s. Hoffmann: Stadt und Festspiele.
190 Holl: Dokumente zur Entstehung der Salzburger Festspiele, 174.
191 Ebd., 175.
192 Steinberg: Ursprung und Ideologie, 47.
193 Ebd., 32.
194 Hofmannsthal: Der erste Aufruf zum Salzburger Festspielplan, 32.
195 Vgl. Müry: Jedermann darf nicht sterben.
196 Zweig: Die Welt von gestern, 394f.
197 Bartsch: Der Geiger von Salzburg, 40.
198 Kaut: Festspiele in Salzburg, 377.
199 Frühe Festspielkritik, zit. bei Paumgartner: Erinnerungen, 123.
200 Haas: Bilder vom Heimatland Salzburg, 174.
201 Vgl. Paumgartner: Erinnerungen, 122.
202 Reichel: Österreichs kulturelle Sendung, 277.
203 Bruckmüller: Nation Österreich, 93.
204 Ebd., 120 ff.
205 Neue Freie Presse, 17. August 1920, zit. nach Gallup: Geschichte der Salzburger Festspiele, 45.
206 Führende Künstler über die Salzburger Festspiele, 4.

207 Das Programm der Festspielhausgemeinde, 8.
208 Kammerhofer-Aggermann: Vom Salzburger Flair zum Klischee, 379.
209 Puthon: Die Salzburger Festspiele, 108.
210 Hanisch: Wirtschaftswachstum ohne Industrialisierung, 109.
211 Broucek (Hg.), Ein General im Zwielicht, 111.
212 Bruno Walter, in: Salzburger Illustrierte, I, Nr. 4, 4.7.1936, zit. nach Kammerhofer-Aggermann: Kulturmetropole Salzburg, 118.
213 Kaufmann: Salzburger Landschaft. In: Profil. Österreichische Zeitschrift für bildende Kunst, 3. Jg. 1935, Heft 7 (Salzburg-Heft), 338-340, zit. nach: Kerschbaumer: Kunst im Getriebe der Politik, 149.
214 Erich Kästners Roman erschien erstmals 1938 unter dem Titel: „Georg und die Zwischenfälle", die Neuauflage 1949 erfolgte unter dem Titel: „Der kleine Grenzverkehr".
215 Schaffer: 75 Jahre „Wassermann", 265.
216 Schaffer: Kurzer Höhenflug und langsames Stranden, 116.
217 Schaffer: Maler einer noch jungen Welt, 5.
218 Salzburger Kulturlexikon, 268.
219 S. Abb. S. 76 u. 77.
220 Gugg: Die Moderne in Salzburg, 9.
221 Zit. nach Kammerhofer-Aggermann: Kulturmetropole Salzburg, 116.
222 Zit. nach Hanisch: Gau der guten Nerven, 65.
223 Vgl. Kerschbaumer, Mozart – „arisch".
224 Salzburger Volksblatt, 2.4.1938, 18 f., zit. nach Kerschbaumer: Kunst im Getriebe der Politik, 156.
225 Hanisch: Nationalsozialistische Herrschaft, 182.
226 Das Flügelroß, 5 u. 7.
227 Springenschmid: Die Stadt für das Land, 154 f.
228 Zit. nach Hanisch: Gau der guten Nerven, 65.
229 Kriechbaum: Salzburg und das Oberdonauland, 4.
230 Schmiedbauer, Fuchs: Salzburg. Gestalt und Antlitz, 26.
231 Ebd., 32.
232 Braumann: Stadtplanung in Österreich, 120 ff; Mayr: Eine NS-Akropolis für Salzburg.
233 Tagebucheintragung v. 24.7.1938. In: Die Tagebücher von Joseph Goebbels. Hg. v. Elke Fröhlich, Teil I/Bd. 5,
234 Tagebucheintragung v. 30.8.1942. In: Die Tagebücher von Joseph Goebbels. Hg. v. Elke Fröhlich, Teil II/Bd. 5, München u. a. 1995, 424.
235 Kriechbaum: Salzburg und das Oberdonauland, 6.
236 Müller: „Die schöne Stadt", 315.
237 Kerschbaumer, Müller: Begnadet für das Schöne, 213.
238 Ginzkey: Salzburg und das Salzkammergut, 7; wieder abgedruckt unter dem Titel: Salzburg. In: Österreich, Volk und Staat, 19-21.
239 Ginzkey: Lied an Salzburg, 7f.
240 Schaffer: Malerei, Plastik, Architektur, 50; vgl. u. a. Alt Salzburger Bilder, nach 10 Federzeichnungen von Ulf Seidl. Mit einem Text von Franz Karl Ginzkey, Wien (1922); Salzburger Bildermappe. Zwölf Federzeichnungen von Ulf Seidl, Vlg. Kiesel, Salzburg (um 1930).
241 Z. B. die Mappe: Das schöne Österreich. Mappe 6: Salzburg, 12 handkolorierte Ansichten. Verlag Brüder Nedomansky, Wien (o. J.) [SMCA Graph. 275].
242 Kunz: Das Stadtbild von Salzburg, 31 f.
243 Vgl. Müller: Salzburg in alten Ansichtskarten.
244 Z. B. Feldegg: Die Platz- und Straßenanlagen von Salzburg.
245 U. a. Hofmann-Montanus: Salzburg. Stadt und Land.; Ginzkey: Salzburg und das Salzkammergut; Wachsmann: Salzburg – die Altstadt.
246 Schmiedbauer, Fuchs: Salzburg. Gestalt und Antlitz; Grimschitz: Salzburg im Bild; Erika Schwarz: Salzburg und das Salzkammergut; Kurt Karfeld: Salzburg. Ein Farbbildwerk.
247 Kruckenhauser: Verborgene Schönheit.
248 Martin: Salzburg. Kunstwerk der deutschen Stadt.
249 Salzburg – Kleinod von Österreich.
250 Marx: „Dann ging es Schlag auf Schlag", 153. Die Salzburger hatten bis zum 16. Oktober 1944 nicht ernstlich mit einem Bombenangriff auf Salzburg gerechnet. Vielmehr hofften sie darauf, dass die Amerikaner, die doch vor dem Krieg so gerne die Festspiele besucht hatten, die schöne Stadt verschonen würden.
251 Zweig: Salzburg – die Stadt als Rahmen, 87 ff.
252 Vgl. Kerschbaumer/Müller: Begnadet für das Schöne.
253 Müller: „Die schöne Stadt", 316.
254 Schaffer: Der stille Triumph der Schönheit, 15.
255 Schaffer: Maler einer noch jungen Welt, 6 f.
256 Schaffer: Der stille Triumph der Schönheit, 25.
257 S. Anm. 246.
258 S. a. Waitzbauer: Eine Herzensangelegenheit, 7-16.
259 Z. B. Keller: Salzburg. Aufnahmen von Walter Hege; Hubmann: Ein Tag in Salzburg.
260 Z. B. Pospesch: Salzburg (1961); Pospesch, Wickenburg: Begegnung in Salzburg (1967); Waggerl, Dapra: Jedermanns Stadt; Dapra, Del-Negro: Salzburg, die schöne Stadt (1968); Dapra: Salzburg (1977); Schaber, Schnelle: Salzburg. Die schöne Stadt (1986); Eltz-Hoffmann, Anrather: Die Kirchen Salzburgs (1993).
261 Z. B. Otte: Salzburger Vorstädte (1986); Thormann, Gagern, Morath: Salzburg (1991); Huber: Landshapes (1999); Phelps, Thaler: Hotel Europa Salzburg (1999).
262 Vgl. Mythos-Marketingcontrolling. www.grp-net.com/service/11.html.
263 Das Salzburger Jahr 1958/59.
264 Bayer: Salzburg, 145.
265 Z. B. Paumgartner: Salzburg; Ritschel: Salzburg: Gestalt und Antlitz; J. u. W. Hofmann (Hg.): Salzburg. Stadt und Land; Haslinger (Hg.): Salzburg. Reisebuch; Thuswaldner: Salzburg – Fest und Alltag.
266 Kos: Imagereservoir Landschaft, 601.
267 Vgl. Bruckmüller: Nation Österreich, 107 f., 115.
268 Peter Ulram: Unpubl. Meinungsumfrage zur österreichischen "kulturellen Gedächtniskultur", 1998/99.
269 Vgl. Bruck: Die Mozart Krone.
270 Vgl. Krannich: Von der Zauberflöte zum Sound of Music, 123.
271 Haas: Bilder vom Heimatland Salzburg, 182 f.
272 Neumayer: Österreichbilder, 112.
273 Luger: Salzburg als Bühne und Kulisse, 177.
274 Ebd., 181.
275 Kammerhofer-Aggermann: Vom Salzburger Flair zum Klischee, 383.
276 Ebd., 184.
277 Huber: Wie Julie Andrews Mozart verdrängte, 419.
278 Fink: Heidelberg, 473.
279 Bernhard: Die Ursache, 7.
280 Vgl. Mittermayer: „...ich hatte immer nur ich werden wollen", 13-30.
281 Vgl. etwa: Bernhard im Gespräch über Salzburg.
282 Bernhard: Die Ursache, 64.
283 Zit. nach Haas: Bilder vom Heimatland Salzburg, 196.
284 Sedlmayr: Die demolierte Schönheit.
285 Holzbauer: Gedanken zur Salzburger Stadtplanung, 38.
286 Sedlmayr: Stadt ohne Landschaft.
287 Salzburger Nachrichten, Nr. 281, 5./6.12.1970.
288 Salzburger Nachrichten, Nr. 236, 1965.
289 LGBl. Nr. 54/1967.
290 Schaber: Bauen und Baugesinnung nach dem Wiederaufbau, 516.
291 LGBl. Nr. 50/1980; Zwink (Hg.): Salzburger Altstadterhaltungsgesetz 1980; Käfer: Der Weg zum Salzburger Altstadterhaltungsgesetz; Voggenhuber: Bericht an den Souverän, 88-93.
292 Bernhard: Die Ursache, 75.
293 Metschies: „Erweiterter", gewandelter oder unveränderter Denkmalbegriff?, 245.
294 Vgl. Laher (Hg.): Der Genius loci überzieht die Stadt, 6 ff; Voggenhuber: Bericht an den Souverän, 7 ff.
295 Müller: „Die schöne Stadt", 321.
296 Amanshauser: Salzburger Marginalien; Ders.: Generalsanierungsplan für Salzburg.
297 Bernhard: Die Ursache, 11f.
298 Z. B. Salzburg. Reisebuch, hg. v. Adolf Haslinger.
299 Zit. nach Salzburger Nachrichten, 19.7.2001, 25.7.2001, 5.6.2002, 11.6.2002.
300 Wysocki: Entwicklung bis zur Gegenwart, 25.
301 Weichhart: Raumbezogene Identität; Derselbe: Heimatbildung und Weltverantwortung.

A Handbook for Travellers in Southern Germany. London, John Murray, 1840.

Alt Salzburger Bilder, nach 10 Federzeichnungen von Ulf Seidl. Mit einem Text von Franz Karl Ginzkey. Wien (1922). Salzburger Bildermappe. Zwölf Federzeichnungen von Ulf Seidl. Vlg. Kiesel, Salzburg (um 1930).

Gerhard Amanshauser: Salzburger Marginalien. In: Ärgernisse eines Zauberers. Satiren und Marginalien. Salzburg 1973, 7-26.

Gerhard Amanshauser: Generalsanierungsplan für Salzburg. In: Fahrt zur verbotenen Stadt. Satiren und Capriccios. Salzburg 1987, 9-11.

Amts- und Intelligenz-Blatt zur kaiserl. Königl. privil. Salzburger Zeitung, 1839, 947, Nr. 72 v. 9.9.

Rudolph Angermüller: Das Salzburger Mozart-Denkmal: Eine Dokumentation (bis 1845) zur 150-Jahre-Enthüllungsfeier. Salzburg 1992.

Rudolph Angermüller: Die Errichtung des Salzburger Mozart-Denkmals. In: Österreichische Zeitschrift für Musikwissenschaft 26 (1971), 429-434.

Rudolph Angermüller, Geza Rech (Red.): Hundert Jahre Internationale Stiftung Mozarteum Salzburg, 1880-1980. Kassel etc. 1980.

Rudolph Angermüller: Das „Denkbuch des Dom Musik Vereines und Mozarteums zu Salzburg". In: MGSL 134 (1994), 433-584.

Aleida Assmann: Erinnerungsräume. Formen und Wandlungen des kulturellen Gedächtnisses. – München 1999.

Karl Baedeker: Handbuch für Reisende in Deutschland und dem Österreichischen Kaiserstaate. 3. umgearb. Aufl., Coblenz 1846.

Hermann Bahr: Die Mozartstadt. In: Musica Divina 2. Wien 1914, 303-306.

Hermann Bahr: Salzburg. Berlin 1914.

Hermann Bahr: Die Schönheit der Stadt Salzburg. In: Unser Salzburg 1816-1916. Ein Heimatbuch für die Jugend und das Volk, verf. und zusammengestellt v. Karl Adrian. Wien 1916, 130-134.

Roland Barthes: Mythen des Alltags. Frankfurt a. M. 1964.

Rudolf Hans Bartsch: Der Geiger von Salzburg. Wien, Berlin (1921).

Eduard Bäumer (1892-1977). Salzburg 1992

Rudolf Bayer: Salzburg. In: Österreich. Landschaft, Kunst und Kultur. Innsbruck 1993, 145-165.

Thomas Bernhard: Die Ursache. Eine Andeutung. Salzburg 1975.

Bernhard im Gespräch über Salzburg. „Aus Schlagobers entsteht nichts" Gespräch zwischen Rudolf Bayr und Thomas Bernhard, 12. 9. 1975 (ORF). In: Manfred Mittermayer, Sabine Veits-Falk (Hg.): Thomas Bernhard und Salzburg. Salzburg 2001.

Christoph Braumann: Stadtplanung in Österreich von 1918 bis 1945 unter besonderer Berücksichtigung der Stadt Salzburg. Wien 1986 (Schriftenreihe des Instituts für Städtebau, Raumplanung und Raumordnung 21).

Christoph Braumann: Carl Schwarz und seine Bedeutung für die Salzburger Stadterweiterung. Zur Rolle von Privatunternehmern im modernen Städtebau im 19. Jahrhundert. In: Berichte zur Raumforschung und Raumplanung 31 (1987), Heft 5-6, 25-38.

Friedrich Breitinger: Josef Mayburger. Sein Leben und sein Werk. In: Schriftenreihe des Stadtvereins Salzburg, Kulturgut der Heimat, Heft 2, 1952.

Peter J. Brenner: Die Erfahrung der Fremde. Zur Entwicklung einer Wahrnehmungsform in der Geschichte des Reiseberichts. In: Derselbe (Hg.): Der Reisebericht. Die Entwicklung einer Gattung in der deutschen Literatur. Frankfurt a. M. 1989, 14-39.

Peter Broucek (Hg.): Ein General im Zwielicht. Die Erinnerungen Edmund Glaises von Horstenau. Bd. 2. Wien, Köln, Graz 1983 (Veröffentlichungen der Kommission für Neuere Geschichte Österreichs 70).

Peter Bruck (Hg.): Die Mozart-Krone. Zur Empörung eines Boulevardblattes und der medialen Konstruktion eines Kulturkampfes. Wien, St. Johann 1991.

Ernst Bruckmüller: Nation Österreich. Kulturelles Bewusstsein und gesellschaftlich-politische Prozesse. 2. erw. Aufl., Wien, Köln, Graz 1996 (Studien zu Politik und Verwaltung, Bd. 4).

Ernst Bruckmüller: Symbole österreichischer Identität zwischen „Kakanien" und „Europa". Wien 1997 (Wiener Vorlesungen im Rathaus 59).

Adolph Bühler: Salzburg, seine Monumente und seine Fürsten. Historisch-topographischer Führer durch die Stadt und ihre Umgebung. Salzburg 1873.

Leopold Chimani: Meine Ferienreise von Wien durch das Land unter und ob der Enns, über Linz und das k. k. Salzkammergut, nach Salzburg, Berchtesgaden und Gastein und von da zurück durch einen Teil der Steiermark, unternommen und beschrieben von Leopold Chimani im Jahre 1829. 2. Bd., Wien 1830.

Katja Czarnowski: Nürnberg – „gemauerte Chronik" oder „Abfallhaufen der Geschichte"? In: Constanze Carcenac-Lecomte u. a. (Hg.): Steinbruch Deutsche Erinnerungsorte. Annäherung an eine deutsche Gedächtnisgeschichte. Frankfurt a. M. u. a. 2000, 167-186.

Josef Dapra: Walter Del-Negro: Salzburg die schöne Stadt. Salzburg, Wien 1968.

Josef Dapra: Salzburg. Salzburg 1977.

Das Flügelroß. Hg. v. Heinrich Zillich. Salzburg 1941 (Erstes Kunstjahrbuch des Reichsgaues Salzburg).

Das Programm der Festspielhausgemeinde. In: Moderne Welt. Salzburg als Festspielstadt. Festschrift der Salzburger Festspielhausgemeinde. Wien 1921, 6-8.

Das Salzburger Jahr. Jg. 1958/59.

Karl Demel: Muß das Linzer-Tor fallen? in: Salzburger Volksblatt, Nr. 128, 1893 (Beilage).

Otto Erich Deutsch (Hg.): Franz Schubert. Die Dokumente seines Lebens und Schaffens. 2. Bd., 1. Hälfte, München, Leipzig 1914.

Die Stadt Salzburg und ihre Umgebungen. Ein Taschenbuch und Wegweiser für Fremde und Einheimische. 5. Aufl., Salzburg 1840.

J. v. Doblhoff: Kunstpflege und Vandalismus. Ein Culturbild. Wien 1894.

Andreas Dörner: Politischer Mythos und symbolische Politik. Sinnstiftung durch symbolische Formen am Beispiel des Hermannsmythos. Opladen 1995.

LITERATUR- UND QUELLEN-VERZEICHNIS

Max Dvorák: Einleitung zum ersten Band der österreichischen Kunsttopographie. In: Österreichische Zeitschrift für Kunst und Denkmalpflege, Bd. 28 (1974), 105-114, Wiederabdruck aus: Österreichische Kunsttopographie, Bd. 1, Die Denkmale des politischen Bezirks Krems in Niederösterreich, bearb. v. Hans Tietze mit Beiträgen von M. Hoernes und M. Nistler. Wien 1907.

Lieselotte von Eltz-Hoffmann, Oskar Anrather: Die Kirchen Salzburgs. Irdische Metaphern einer überirdischen Welt. Salzburg 1993.

Ferdinand von Feldegg: Die Platz- und Straßenanlagen von Salzburg. Wien (1909).

Rupert Feuchtmüller: Was kein Auge schauen kann. In: Schönes altes Salzburg. Hg. v. Johannes Neuhardt. Salzburg 1989 (XIII. Sonderschau des Dommuseums zu Salzburg), 7-131.

Oliver Fink: Heidelberg. In: Etienne François, Hagen Schulze (Hg.): Deutsche Erinnerungsorte, Bd. 3, München 2001, 473-487.

Ludwig August Frankl: Erinnerungen. Hg. v. Stefan Hock, Prag 1910 (Bibliothek deutscher Schriftsteller aus Böhmen, 29), 315.

Ulrich Franz: Von der Unersättlichkeit der Ungeliebten. Eine umweltspychologische und narzissmus-theoretische Analyse des Mythos Heidelberg. In: Kommunikation und Ästhetik. Heft 101, 29. Jg., Juli 1998, 103-113.

W. Fred (=Alfred Drechsler): Salzburg. Berlin 1907 (Die Kultur, Bd. 27).

Führende Künstler über die Salzburger Festspiele. In: Moderne Welt. Salzburg als Festspielstadt. Festschrift der Salzburger Festspielhausgemeinde. Wien 1921, 4-5.

Führer durch Salzburg und seine Umgebungen. Mit besonderer Berücksichtigung von Gastein, Berchtesgaden und Reichenhall. Verlag Dieter & Co. Salzburg 1869.

Führer durch Salzburg und seine Umgebungen. Mit besonderer Berücksichtigung von Gastein, Berchtesgaden und Reichenhall. Zweite berichtigte und sehr vermehrte Auflage, Verlag Dieter und Kroll, Salzburg 1870.

Franz Fuhrmann: Salzburg in alten Ansichten. Bd. 1: Die Stadt. 2. Aufl., Salzburg 1982.

Stephen Gallup: Die Geschichte der Salzburger Festspiele. Wien 1989.

Josef Gassner: Johann Michael Sattler und sein Panorama von Salzburg. in: JSMCA 4 (1958), 103-122.

Winfried Gebhardt, Arnold Zingerle: Pilgerfahrt ins Ich. Die Bayreuther Richard Wagner-Festspiele und ihr Publikum. Eine kultursoziologische Studie. Konstanz 1998 (Passagen&Transzendenzen, Bd. 5).

Franz Karl Ginzkey: Lied an Salzburg. In: Eligius Scheibl (Hg.): Die schöne Stadt. Ein lyrischer Spaziergang. Salzburg 1952.

Franz Karl Ginzkey: Salzburg und das Salzkammergut. Bielefeld und Leipzig 1934 (Monographien zur Erdkunde, Bd. 48), 7-9.

Franz Karl Ginzkey: Salzburg. In: Österreich, Volk und Staat. Wien 1936, 19-21.

Árpád Göncz: Rede zur Eröffnung der Salzburger Festspiele. In: Harald Waitzbauer: Festlicher Sommer. Das gesellschaftliche Ambiente der Salzburger Festspiele von 1920 bis zur Gegenwart. Salzburg 1996 (Schriftenreihe des Landespressebüros, Sonderpublikationen Nr. 136), 356-368.

Oskar Graf, Cäcilia Pfaff-Bader: Malerisches Salzburg. Originalradierungen v. O. G. und C. P.-B. 25 Blätter. Mit begleitendem Text. Salzburg (1902).

Viktor Griessmaier: Österreich. Landschaft und Kunst. Wien 1950.

Bruno Grimschitz: Salzburg im Bild. Berlin (1940) (Die Sammlung Parthenon, Neue Folge).

Margret Gröner: Salzburger Land: Garten Gottes. In: Mit den Augen des Touristen. Zur Geschichte des Reisebildes. Tübingen 1981, 87-94.

Ludwig Grote: Die romantische Entdeckung Nürnbergs. München 1967 (Bibliothek des Germanischen Nationalmuseums, Bd. 8)

Anton Gugg: Die Moderne in Salzburg. Kunst nach 1945. Salzburg 1988 (Hg. vom Kulturamt der Stadt Salzburg).

Gernot Gruber: Mozart und die Nachwelt. München, Zürich 1987 (Serie Piper 592).

Hanns Haas: Bilder vom Heimatland Salzburg. In: Robert Kriechbaumer (Hg.): Liebe auf den zweiten Blick. Landes- und Österreichbewußtsein nach 1945. Wien, Köln, Weimar 1998, 149-203.

Hanns Haas: Salzburg in der Habsburgermonarchie. In: Heinz Dopsch, Hans Spatzenegger (Hg.): Geschichte Salzburgs. Stadt und Land, Bd. II/2. Salzburg 1988, 661-1022.

Adolf Hahnl: Schönes altes Salzburg. In: Schönes altes Salzburg. Hg. v. Johannes Neuhardt. Salzburg 1989 (XIII. Sonderschau des Dommuseums zu Salzburg), 14-19.

Ernst Hanisch: Nationalsozialistische Herrschaft in der Provinz. Salzburg im Dritten Reich. Salzburg 1983 (Salzburg Dokumentationen 71).

Ernst Hanisch: Gau der guten Nerven. Die nationalsozialistische Herrschaft in Salzburg 1938-1945. Salzburg, München 1997.

Ernst Hanisch: Provinzbürgertum und die Kunst der Moderne. In: Ernst Bruckmüller u. a. (Hg.): Bürgertum in der Habsburgermonarchie. Wien, Köln 1990, 127-139.

Ernst Hanisch: Wirtschaftswachstum ohne Industrialisierung. Fremdenverkehr und sozialer Wandel in Salzburg 1918-1938. In: Hanns Haas, Robert Hoffmann, Kurt Luger (Hg.): Weltbühne und Naturkulisse. Zwei Jahrhunderte Salzburg-Tourismus. Salzburg 1994, 104-112.

Ernst Hanisch, Ulrike Fleischer: Im Schatten berühmter Zeiten. Salzburg in den Jahren Georg Trakls (1887-1914. Salzburg 1986 (Trakl-Studien, Bd. 13).

J. A. Frh. v. Helfert: Eine Geschichte von Thoren. Wien 1894 (Sonderabdruck aus den Mittheilungen der K. k. Central-Commission zur Erforschung und Erhaltung der Kunst- und historischen Denkmale, Neue Folge 20. Jahrgang, 1894.

Hanna Hintner: Joseph Philipp Felner (1769-1850) als Staatsmann, Historiker und Mensch. Phil. Diss. Wien 1967.

Eric Hobsbawm: Introduction: Inventing Traditions. In: Ders., Terence Ranger (Ed.): The Invention of Tradition. Cambridge 1996, 1–14.

Robert Hoffmann: Salzburg im Biedermeier. Die Stadt und ihre Bewohner in der ersten Hälfte des 19. Jahrhunderts. In: MGSL 120/121 (1980/81) 219-274.

Robert Hoffmann: Gesellschaft, Politik und Kultur in der Stadt Salzburg in der ersten Hälfte des 19. Jahrhunderts. In: Rudolf Angermüller (Hrsg.): Bürgerliche Musikkultur im 19. Jahrhundert in Salzburg. Salzburg 1981, 9-30.

Robert Hoffmann: Bürgerliche Kommunikationsstrategien zu Beginn der liberalen Ära. Salzburg und der Eisenbahnanschluß. In: Hannes Stekl, Peter Urbanitsch, Ernst Bruckmüller, Hans Heiss (Hg.): „Durch Arbeit, Besitz, Wissen und Gerechtigkeit". Wien, Köln, Weimar 1992 (Bürgertum in der Habsburgermonarchie II), 317-336.

Robert Hoffmann: Die Romantiker „entdecken" Salzburg. In: Hanns Haas, Robert Hoffmann, Kurt Luger (Hg.): Weltbühne und Naturkulisse. Zwei Jahrhunderte Salzburg-Tourismus. Salzburg 1994, 16-21.

Robert Hoffmann: Frühe Attraktionen. In: Hanns Haas, Robert Hoffmann, Kurt Luger (Hg.): Weltbühne und Naturkulisse. Zwei Jahrhunderte Salzburg-Tourismus. Salzburg 1994, 22-28.

Robert Hoffmann: Salzburg wird „Saisonstadt". In: Hanns Haas, Robert Hoffmann, Kurt Luger (Hg.): Weltbühne und Naturkulisse. Zwei Jahrhunderte Salzburg-Tourismus. Salzburg 1994, 45-51.

Robert Hoffmann: Erzherzog Franz Ferdinand und der Fortschritt. Wien, Köln, Weimar 1994.

Robert Hoffmann: Stadt und Festspiele. Das Beispiel von Salzburg. In: Stadt und Theater: hg. von Bernhard Kirchgässner und Hans-Peter Becht. Stuttgart 1999. (Stadt in der Geschichte. Veröffentlichungen des Südwestdeutschen Arbeitskreises für Stadtgeschichtsforschung, 25), 143-168.

Robert Hoffmann: Die Entstehung einer Legende. Alexander von Humboldts angeblicher Ausspruch über Salzburg. In: Mitteilungen der Gesellschaft für Salzburger Landeskunde, 141 (2001), 265-278.

Jacqueline und Werner Hofmann (Hg.): Salzburg. Stadt und Land. 3. Aufl., München 1967.

Hugo von Hofmannsthal: Die Mozart-Zentenarfeier in Salzburg. In: Ders., Gesammelte Werke in Einzelausgaben: Prosa I. Frankfurt a. M. 1956.

Hugo von Hofmannsthal: Festspiele in Salzburg. 3. Aufl., Wien 1952.

Hans Hofmann-Montanus: Salzburg. Stadt und Land. Wien, Leipzig 1930. (Städte und Landschaften, 1. Bd.)

Oskar Holl: Dokumente zur Entstehung der Salzburger Festspiele. Unveröffentlichtes aus der Korrespondenz der Gründer. In: Maske und Kothurn 13 (1967), 148-179.

Roman Höllbacher: Landschaft und Stadt als entwicklungsgeschichtliche Paradigmen – der Wandel der Rezeption vom Ende des 18. bis zum Beginn des 20. Jahrhunderts. Phil. Diss., Salzburg 1990.

Wilhelm Holzbauer: Gedanken zur Salzburger Stadtplanung. In: Das Salzburger Jahr 1967/1968, 38-42.

Dieter Huber: Landshapes. Computergenerierte Arbeiten. Salzburg 1999.

Thomas Huber: Wie Julie Andrews Mozart verdrängte. Hintergründe und Auswirkungen des US-Tourismus in der Stadt Salzburg. In: The „Sound of Music" zwischen Mythos und Marketing. Salzburg 2000 (Salzburger Beiträge zur Volkskunde, Bd. 11), 401-426.

Franz Hubmann: Ein Tag in Salzburg. Wien, Salzburg 1983.

Lorenz Hübner: Beschreibung der hochfürstlich erzbischöflichen Haupt und Residenzstadt Salzburg und ihrer Gegenden verbunden mit ihrer ältesten Geschichte. 1. Bd.: Topographie. Salzburg 1792 (Neuauflage Salzburg 1982).

Heinrich Huesmann: Welttheater Reinhardt. Bauten, Spielstätten, Inszenierungen. München 1983.

Benno Imendörffer: Städte- und Siedelungsbilder aus Salzburg. In. Mein Österreich, mein Heimatland. Illustrierte Volks- und Vaterlandskunde des Österreichischen Kaiserstaates. Hg. v. Sigmund Schneider, fortgef. v. Benno Imendörffer. Wien 1913.

Detlev Ipsen: Raumbilder. Kultur und Ökonomie räumlicher Entwicklung. Pfaffenweiler 1997.

Franz Jelinek, Valentin Pollak, Franz Streinz: Deutsches Lesebuch für österreichische Realschulen. 4. Bd., Wien 1910.

Rudolf Käfer: Der Weg zum Salzburger Altstadterhaltungsgesetz. Salzburg 1990.

Ulrike Kammerhofer-Aggermann: Kulturmetropole Salzburg. Der Festspieltourismus der Zwischenkriegszeit. In: Hanns Haas, Robert Hoffmann, Kurt Luger (Hg.): Weltbühne und Naturkulisse. Zwei Jahrhunderte Salzburg-Tourismus. Salzburg 1994, 113-199.

Ulrike Kammerhofer-Aggermann: Vom Salzburger Flair zum Klischee. In: The "Sound of Music" zwischen Mythos und Marketing. Salzburg 2000 (Salzburger Beiträge zur Volkskultur, Bd. 11) 379 – 386.

Kurt P. Karfeld: Salzburg. Ein Farbbildwerk. O. O. (um 1940).

Helene Karrer: 200 Jahre Villenbau in Aigen, mit Abfalter, Parsch und Glas. Salzburg 1995.

Luigi Kasimir, Tanna Kasimir-Hoernes: Salzburg. 15 Orig. Radierungen. Wien 1921.

Wilhelm Kaufmann: Salzburger Landschaft. In: Profil. Österreichische Zeitschrift für bildende Kunst, 3. Jg. 1935, Heft 7 (Salzburg-Heft), 338-340.

Josef Kaut: Festspiele in Salzburg. Salzburg 1965.

Harald Keller: Salzburg. Aufnahmen von Walter Hege. München Berlin, 1956.

Gert Kerschbaumer: Mozart – „arisch". In: Das Phänomen Mozart im 20. Jahrhundert. Hg. v. Peter Csobádi, u. a., Salzburg 1991, 75-91.

Gert Kerschbaumer: Kunst im Getriebe der Politik. In: 150 Jahre Salzburger Kunstverein. Kunst und Öffentlichkeit. Salzburg 1994, 144-169.

Gert Kerschbaumer, Karl Müller: Begnadet für das Schöne. Der rot-weiß-rote Kulturkampf gegen die Moderne. Wien 1992 (Beiträge zur Kulturwissenschaft und Kulturpolitik 2).

Matthias Koch: Reise in Oberösterreich und Salzburg auf der Route von Linz nach Salzburg, Gastein und Ischl. Wien 1846, 129.

Johann Georg Kohl: Hundert Tage auf Reisen in den österreichischen Staaten. 5. Theil: Reise in Steiermark und im bairischen Hochlande. Dresden, Leipzig 1842.

Wolfgang Kos: Die Eroberung der Landschaft. Zu einem kulturhistorischen Ausstellungsprojekt. In: Ders. (Hg.): Die Eroberung der Landschaft. Semmering, Rax, Schneeberg. Katalog zur Niederösterreichischen Landesausstellung 1992. Wien 1992, 20-48.

Wolfgang Kos: Imagereservoir Landschaft. Landschaftsmoden und ideologische Gemütslagen seit 1945. In: Reinhard Sieder u. a. (Hg.): Österreich 1945 –1995. Wien 1995 (Österreichische Texte zur Gesellschaftskritik, 60), 599-624.

Beate Krannich: Von der Zauberflöte zum Sound of Music. Die touristische Vermarktung der Stadt Salzburg. Diplomarbeit, Salzburg 1992.

Eduard Kriechbaum: Salzburg und das Oberdonauland. Berlin 1939.

LITERATUR- UND QUELLEN-VERZEICHNIS

Stefan Kruckenhauser: Verborgene Schönheit. Bauwerk und Plastik der Ostmark. 180 Leicabilder. Salzburg, Leipzig 1938.

Stefan Kruckenhauser: Heritage of Beauty. Architecture an Sculpture in Austria. With an introductionary Essay by E. H. Gombrich. London 1965.

Renate Krüger: Biedermeier. Eine Lebenshaltung zwischen 1815 und 1848. Wien 1979.

Otto Kunz: Das Stadtbild von Salzburg. In: Erwin Stein (Hg.): Die Städte Deutschösterreichs. Bd. VIII: Salzburg. Berlin-Friedenau 1932, 31-36.

Ludwig Laher (Hg.): Der Genius loci überzieht die Stadt. Wien, Mühlheim a. d. Ruhr 1992.

Jaques Le Rider: Hugo von Hofmannsthal. Wien 1996.

Ernst Lichtenhann: Das bürgerliche Musikfest im 19. Jahrhundert. In: Paul Hugger u. a. (Hg.): Stadt und Fest. Zu Geschichte und Gegenwart europäischer Festkultur. Unterägeri/Stuttgart 1987, 161-179.

Kurt Luger: Salzburg als Bühne und Kulisse. Die Stadt als Schauplatz der internationalen Unterhaltungsindustrie. In: Hanns Haas, Robert Hoffmann, Kurt Luger (Hg.): Weltbühne und Naturkulisse. Zwei Jahrhunderte Salzburg-Tourismus. Salzburg 1994, 176-187.

Franz Martin: Salzburg. Kunstwerk der deutschen Stadt. (Die Kunst dem Volke, 91). Salzburg, München 1943.

Anne Martin-Fugier: Riten der Bürgerlichkeit. In: Geschichte des privaten Lebens. 4. Bd.: Von der Revolution zum Großen Krieg. Hg. v. Philippe Aries und George Duby, Frankfurt a. M. 1992, 201-266.

Erich Marx: „Dann ging es Schlag auf Schlag". Die Bombenangriffe auf die Stadt Salzburg. In: derselbe (Hg.): Bomben auf Salzburg. Die „Gauhauptstadt" im „Totalen Krieg" Salzburg 1995 (Schriftenreihe des Archivs der Stadt Salzburg 6), 139-274.

Norbert Mayr: Eine NS-Akropolis für Salzburg. Das Wirken der Architekten Otto Strohmayr und Otto Reitter. In: Jan Tabor (Hg.): Kunst und Diktatur. Architektur, Bildhauerei und Malerei in Österreich, Deutschland, Italien und der Sowjetunion 1922-1956. Baden 1994, 342-349.

Michael Metschies: „Erweiterter", gewandelter oder unveränderter Denkmalbegriff? In: Die Alte Stadt, 23 (1996), 219-246.

Meyers Reisebücher. Deutsche Alpen. 2. Tl., 4. Aufl., Leipzig, Wien 1895.

Ludwig Mielichhofer: Das Mozart-Denkmal zu Salzburg und dessen Enthüllungs-Feier im September 1842. Salzburg 1843.

Michael Mitterauer: Anniversarium und Jubiläum. Zur Entstehung und Entwicklung öffentlicher Gedenktage. In: Emil Brix, Hannes Stekl (Hg.): Der Kampf um das Gedächtnis. Öffentliche Gedenktage in Mitteleuropa. Wien, Köln, Weimar 1997 (Grenzenloses Österreich), 23-90.

Manfred Mittermayer: „...ich hatte immer nur ich werden wollen". Thomas Bernhards autobiographische Erzählungen. In: Manfred Mittermayer, Sabine Veits-Falk (Hg.): Thomas Bernhard und Salzburg. Salzburg 2001, 13-30.

Johann Müller: Salzburg in alten Ansichtskarten. Wien 1983.

Karl Müller: „Die schöne Stadt". Salzburg-Mythos und Bilder des anderen Salzburg. In: Österreich in Geschichte und Literatur 36 (1992), 312-323.

Karl Müller: „Das Herz vom Herzen Europas". „Welttheateragenten" – Fest und Feier nach 1918, Typoskript 2000.

Hans Murenwald: Salzburg. Bild-Stadtführer. Berchtesgaden 1991.

Andres Müry: Jedermann darf nicht sterben. Geschichte eines Salzburger Kults 1920-2001ff. Salzburg 2001 (szene Pustet).

Ursula J. Neumayer: Österreichbilder. Eine Analyse nationaler Identifikationsmuster am Beginn der Zweiten Republik. Diplomarbeit, Salzburg 1995.

Thomas Nipperdey: Nationalidee und Nationaldenkmal in Deutschland im 19. Jahrhundert. In: Historische Zeitschrift 206 (1968), 529-585.

Österreichische National-Encyclopaedie oder alphabetische Darlegung der wissenswürdigen Eigenthümlichkeiten des österreichischen Kaiserstaates. Wien 1836.

Hanns Otte: Salzburger Vorstädte. Salzburg 1986.

Bernhard Paumgartner: Salzburg. Salzburg 1966 (Buchreihe des Kulturamtes der Stadt Salzburg, Bd. 11)

Bernhard Paumgartner: Erinnerungen. 2. Aufl., Salzburg 2001. (Mitteilungen der Gesellschaft für Salzburger Landeskunde, 19. Ergänzungsband = Veröffentlichungen zur Salzburger Musikgeschichte, Bd. 7.).

Andrew Phelps, Wolfgang Thaler: Hotel Europa Salzburg. Salzburg 1999.

Benedikt Pillwein: Geschichte, Geographie und Statistik des Erzherzogthums Oesterreich ob der Enns und des Herzogthums Salzburg. 5. Theil: Der Salzachkreis, Linz 1839.

Gerhard Plasser: Stadterweiterung II. In: Vom Stadtrecht zur Bürgerbeteiligung. Ausstellungskatalog 700 Jahre Stadtrecht von Salzburg. Salzburg 1987, 186-195.

Heinz Politzer: Musikerlöste Dämonie. In: Harald Waitzbauer: Festlicher Sommer. Das gesellschaftliche Ambiente der Salzburger Festspiele von 1920 bis zur Gegenwart. Salzburg 1996 (Schriftenreihe des Landespressebüros, Sonderpublikationen Nr. 136), 214-220.

Friedrich Polleroß: Pro Deo & Pro Populo. Die barocke Stadt als „Gedächtniskunstwerk" am Bespiel von Wien und Salzburg. In: Barockberichte 18/19, 149-168.

Carl Pospesch: Salzburg. München, Wien 1961.

Carl Pospesch, Erik G. Wickenburg: Begegnung in Salzburg. Salzburg 1967.

Heinrich Puthon: Die Salzburger Festspiele. In: Die Städte Deutschösterreichs, Bd. VIII: Salzburg, Berlin-Friedenau, 104-108.

Olaf B. Rader: Dresden. In: Etienne François, Hagen Schulze (Hg.): Deutsche Erinnerungsorte. Bd. 3. München 2001, 451-470.

Anton Reichel: Österreichs kulturelle Sendung. In: Neu-Österreich. Amsterdam. Wien 1923, 277-290.

Georg Reinbeck: Reise-Plaudereien über Ausflüge nach Wien (1811), Salzburg und dem Salzkammergut in Ober-Österreich (1834), Weimar (1806). In die Würtembergische Alb (1824) und nach den Vor-Cantonen der Schweiz und dem Rigi (1818). 1. Bd., Stuttgart 1837.

Reise von Venedig über Triest, Krain, Kärnten, Steiermark und Salzburg samt historisch-statistischen Bemerkungen über die Regierung und Einwohner dieser Länder. Frankfurt, Leipzig 1793.

Eduard Richter: Das Herzogthum Salzburg. Wien 1881 (Die Länder Österreich-Ungarns in Wort und Bild. Hg. v. Friedrich Umlauft).

Eduard Richter: Salzburg als historische Stätte. In: Salzburg. Stadt und Land. Hg. vom Landesverband für Fremdenverkehr in Salzburg. Salzburg 1902.

Alois Riegl: Salzburgs Stellung in der Kunstgeschichte. In: Mitteilungen der Gesellschaft für Salzburger Landeskunde 50 (1905), 1-20.

Johann Kaspar Riesbeck: Briefe eines reisenden Franzosen über Deutschland. (Bearb. Neuauflage der Originalausgabe von 1783) Frankfurt a. M. o. J.

Stefan Riesenfellner: Zwischen deutscher „Kulturnation" und österreichischer „Staatsnation". Aspekte staatlicher und nationaler Repräsentation in Dichter- und Musikerdenkmälern der Wiener Ringstraße bis zum Ersten Weltkrieg. In: Ders. (Hg.): Steinernes Bewußtsein I. Die öffentliche Repräsentation staatlicher und nationaler Identität Österreichs in seinen Denkmälern. Wien, Köln, Weimar 1998, 269-304.

Karl Heinz Ritschel: Salzburg: Anmut und Macht. Salzburg 1995.

Karl Heinz Ritschel: Herbert Breiter und Salzburg. In: Herbert Breiter. Momente der Dauer. Salzburg 1997, 25-28.

Stephan Ludwig Roth: Gesammelte Schriften und Briefe. Bd. 1: Die Wanderschaft. Dokumente aus den Jahren 1815-1819, hauptsächlich aus Tübingen und Iferten, 2. Aufl., Berlin 1970.

Salzburg und Umgebung. Ein Geleit- und Erinnerungsbuch. 2. Aufl., Salzburg 1893, 31.

Salzburg. Stadt und Land. Hg. vom Landesverband für Fremdenverkehr in Salzburg. Salzburg 1902.

Salzburg. Stadt – Umgebung – Ausflüge. Ein Geleit- und Erinnerungsbuch. Salzburg (ca. 1905).

Salzburg – Kleinod von Österreich, 10 Jahre Aufbau 1945-1955. Salzburg o. J.

Salzburg, die schöne Stadt. (Festgabe der Landeshauptstadt Salzburg zur Wiederkehr des 200. Geburtstages v. Wolfgang Amadeus Mozarts) (Salzburg 1956).

Salzburg. Reisebuch. Hg. v. Adolf Haslinger, Frankfurt a. M. und Leipzig 1993 (insel taschenbuch 1326).

Salzburger Kulturlexikon, hg. von Adolf Haslinger, Peter Mittermayr, Salzburg, Wien, Frankfurt a. M. 2001.

Salzburger Stadtbuch, Nr. 2, 2. Aufl., Salzburg 1982.

Ulrich Salzmann: Friedrich Graf Spaurs Leben. In: Begleitband und Register zur Neuauflage der Werke Spaurs. Salzburg 1985.

Franz Sartori: Neueste Reise durch Österreich ob der Enns, Salzburg, Berchtesgaden, Kärnthen und Steyermark. Wien 1811, 2. Bd.

Wilfried Schaber, Werner Schnelle: Salzburg. Die schöne Stadt. Salzburg, Wien 1986.

Wilfried Schaber: Bauen und Baugesinnung nach dem Wiederaufbau. In: Die Ära Lechner. Das Land in den sechziger und siebziger Jahren. Salzburg 1988 (Schriftenreihe des Landespressebüros, Sonderpublikationen 71), 509-526.

Nikolaus Schaffer: Der stille Triumph der Schönheit. Max Peiffer Watenphul und Salzburg. In: Ders.: Max Peiffer Watenphul (1896-1976). Salzburg (SMCA) 1993 (Monographische Reihe zur Salzburger Kunst, Bd. 16), 7-34.

Nikolaus Schaffer: Kurzer Höhenflug und langsames Stranden. Oppositionen innerhalb des Kunstvereins: „Wassermann" und „Sonderbund". In: 150 Jahre Salzburger Kunstverein. Kunst und Öffentlichkeit. Salzburg 1994, 114-143.

Nikolaus Schaffer: 75 Jahre „Wassermann". Malerei in Salzburg 1919. In: 150 Jahre Salzburger Kunstverein. Kunst und Öffentlichkeit. Salzburg 1994, 265 f.

Nikolaus Schaffer: Maler einer noch jungen Welt. In: Rudolf Hradil. Ölbilder. Salzburg, Wien 1995, 5 – 10.

Nikolaus Schaffer: Malerei. Plastik. Architektur. In: Salzburg 1905. Salzburg 1995 (Festschrift zum 90jährigen Bestehen der Raiffeisenkasse), 39-60.

Nikolaus Schaffer: Theodor Ethofer: Künstler, Kavalier, Kosmopolit. Salzburg 1999 (Monographische Reihe zur Salzburger Kunst, Bd. 19.).

Nikolaus Schaffer: Streifzüge durch das „österreichische Arkadien". Johann Fischbach als Vollender der Tradition der Salzburger Vedute. In: Johann Fischbach: Malerische Ansichten der Stadt Salzburg und ihrem Kreise des Salzkammergutes und Berchtesgadens. Salzburg o. J. Faksimile des Ausg. v. 1849. Salzburg 1998, 5-9.

Simon Schama: Der Traum von der Wildnis. Natur als Imagination. München 1996.

Eligius Scheibl (Hg.): Die schöne Stadt. Ein lyrischer Spaziergang. Salzburg 1952.

Johann Jacob Schmauss: Der allerneueste Staat des Erz-Bisthums Salzburg. Und der angehörigen Medial-Stiften Gurck, Chiemsee, Seckau, Lavant, Halle 1721.

Alois Schmiedbauer, Karl Fuchs: Salzburg. Gestalt und Antlitz. Salzburg 1943.

Alois Schmiedbauer: J. M. Mayburger 1814 – 1908. Ein Retter Salzburgs. In: Alois Stockklausner (Hg.). In Salzburg geboren. Salzburg 1973, 170-173.

Julius Wolfgang Schülein: Salzburg, 7 Steinzeichnungen. München 1920.

Joseph August Schultes: Reise durch Salzburg und Berchtesgaden. Wien 1804, 2. Theil.

Erika Schwarz: Salzburg und das Salzkammergut. Berlin 1939 (Die deutschen Bücher).

Heinrich Schwarz: Salzburg im Jahre 1815. Nach den Reiseberichten des Arztes Ludwig Hermann Friedländer. In: Salzburger Museumsblätter 15 (1936) Nr. 1-3. Sp. 1-12.

Heinrich Schwarz: Salzburg und das Salzkammergut. Eine künstlerische Entdeckung der Stadt und der Landschaft in Bildern des 19. Jahrhunderts. 4. Auflage, Salzburg 1977.

Günther Schweiger: Österreichs Image in der Welt. Wien 1992.

Hans Sedlmayr: Die demolierte Schönheit. Ein Aufruf zur Rettung von Salzburgs Altstadt. Salzburg 1965.

Hans Sedlmayr: Die Stadt ohne Landschaft. Salzburgs Schicksal morgen? Salzburg 1970.

Hans Spatzenegger: Neue Dokumente zur Entstehung des Mozart-Denkmales in Salzburg. In: Mozart-Jahrbuch 1980-83, 147-166.

Karl Springenschmid: Die Stadt für das Land. In: Das Flügelroß. Hg. v. Heinrich Zillich. Salzburg 1941 (Erstes Kunstjahrbuch des Reichsgaues Salzburg), 150-155.

LITERATUR- UND QUELLEN-VERZEICHNIS

Georg Stadler: Von der Kavalierstour zum Sozialtourismus. Kulturgeschichte des Salzburger Fremdenverkehrs. Salzburg 1975.

Michael P. Steinberg: The Meaning of the Salzburg Festival. Austria as Theatre and Ideology 1890-1938. Ithaca, London 1990, 42 ff., (dt. Übersetzung: Ursprung und Ideologie der Salzburger Festspiele, 1890 – 1938. Salzburg, München 2000).

Anton Steinhart: Salzburg. Stadt – Land – Festspiele. 25 Rohrfederzeichnungen. Einführungstext: Ludwig Praehauser. Salzburg 1947.

Monika Steinhauser: Das europäische Modebad des 19. Jahrhunderts. Baden-Baden – Eine Residenz des Glücks. In: Ludwig Grote (Hg.): Die deutsche Stadt im 19. Jahrhundert. Stadtplanung und Baugestaltung im industriellen Zeitalter. München 1974 (Studien zur Kunst des 19. Jahrhunderts 249), 95-128.

Die Tagebücher von Joseph Goebbels. Hg. v. Elke Fröhlich, Teil I/Bd.5, Teil II/Bd.5, München u. a. 1995, 2000.

Othmar Thormann, Verena von Gagern, Inge Morath: Salzburg. An Artist's View. Salzburg 1991.

Werner Thuswaldner: Salzburg – Fest und Alltag. mit Farbbildern nach Originalfotos von Margit Münster. Salzburg 1989 (Edition Schön & gut)

Georg Trakl: Die Dichtungen, 12. Aufl., Salzburg 1938.

Georg Trakl: Dichtungen und Briefe. Hg. von Walter Killy und Hans Szklenar, 2 Bde., Salzburg 1969.

Frances Trollope: Wien und die Oesterreicher, sammt Reisebildern aus Schwaben, Baiern, Tyrol und Salzburg. 1. Bd., Leipzig 1838, 162.

Brigitte Trost: Domenico Quaglio. Monographie und Werkverzeichnis. München 1973 (Materialien zur Kunst des 19. Jahrhunderts, Bd. 6).

Peter Evan Turnbull: Reise durch die österreichischen Staaten. Leipzig 1838.

Peter Ulram: Unpubl. Meinungsumfrage zur österreichischen „kulturellen Gedächtniskultur", 1998/99.

Franz Michael Vierthaler: Reisen durch Salzburg. Salzburg 1799.

Franz Michael Vierthaler: Meine Wanderungen durch Salzburg, Berchtesgaden, und Österreich. 2 Bde. Wien 1816.

Johannes Voggenhuber: Bericht an den Souverän. Salzburg: Der Bürger und seine Stadt. Salzburg, Wien 1988.

Konrad Wachsmann: Salzburg – die Altstadt. Berlin 1934.

Karl Heinrich Waggerl, Josef Dapra: Jedermanns Stadt. Salzburg o. J.

Georg Wagner: Österreich. Zweite Republik. Zeitgeschichte und Bundesstaatstradition. Eine Dokumentation, Bd. 2, Thaur/Tirol. Wien 1987.

Karl Wagner: Das Mozarteum. Geschichte und Entwicklung einer kulturellen Institution. Innsbruck 1993.

Karl Wagner: Das Salzburger Bürgertum und dessen Musik- und Mozart-Pflege in der ersten Hälfte des 19. Jahrhunderts. In: Bürgerliche Musikkultur im 19. Jahrhundert in Salzburg. Salzburg 1981.

Harald Waitzbauer: Eine Herzensangelegenheit. In: Othmar Thormann, Verena von Gagern. Inge Morath: Salzburg. An Artist's View. Salzburg 1991, 7-16.

Peter Weichhart: Raumbezogene Identität. Bausteine zu einer Theorie räumlich-sozialer Kognition und Identifikation (Erdkundliches Wissen 102, Stuttgart 1990).

Peter Weichhart: Heimatbindung und Weltverantwortung. Widersprüchliche oder komplementäre Motivkonstellationen menschliches Handelns? In: geographie heute, Bd. 100, 1992, 30-33, 43-44.

Hans Weichselbaum: Georg Trakl. Salzburg 1994.

Walter Weiss: Salzburger Mythos? Hofmannsthals und Reinhardts Welttheater. In: Zeitgeschichte 2 (1975), S. 109-119.

Hans Widmann: Bilder aus der Geschichte Salzburgs. In: Salzburg Stadt und Land. Hg. vom Landesverband für Fremdenverkehr in Salzburg. Salzburg 1902, 4-17.

Heinrich Wiesmüller: Italien in Salzburg. In: Salzburg: Blicke. Hg. von Helga Embacher, Ernst Fürlinger, Josef P. Mautner. Salzburg 1999, 33-37.

Josef Wysocki: Entwicklung bis zur Gegenwart. In: Wirtschaft in Salzburg. VIII. Landes-Symposium am 26. September 1987. Salzburg 1987 (Salzburg Diskussionen 9), 19-26.

Friederike Zaisberger: Mozart im Spiegel der Salzburger Presse. In: Mozart-Jahrbuch 1980-83, 136-139.

Franz Valentin Zillner: Salzburg in den letzten fünfzig Jahren. In: MGSL 6 (1866) 235-302.

Stefan Zweig: Die Welt von gestern. Erinnerungen eines Europäers, Leck 1992.

Stefan Zweig: Salzburg – die Stadt als Rahmen. In: Almanach der Salzburger Festspiele, 1925.

Erhard Zwink (Hg.): Salzburger Altstadterhaltungsgesetz 1980. Salzburg 1980 (Schriftenreihe des Landespressebüros, Salzburg Dokumentationen Nr. 74).

Dieter Huber: Barrikade I, Ink Jet Print auf Leinwand, aus: Architektur ist überall. Die ganze Stadt. Verlag Anton Pustet, Salzburg, 1997. S. 1

Franz Caucig: Mirabellgarten, 1819. Federzeichnung, Kupferstichkabinett der Akademie der bildenden Künste, Wien. S. 8

Johann Friedrich Propst: Salzburg vom Kapuzinerberg. Kupferstich und Radierung gemischt, um 1710. SMCA, Inv. Nr. 1042/49. S. 10/11

Johann Fischbach: Salzburg von Maria Plain aus. Öl auf Leinen, 1848. Privatbesitz (Foto: Oskar Anrather). S. 12

Wilhelm Friedrich Schlotterbeck: Salzburg von Nordosten. Aquatinta und Radierung, um 1805, SMCA, Inv. Nr. 102/52. S. 15 u. Titelbild

Ferdinand Olivier: Sonnabend. Gottesacker zu Sct. Peter in Salzburg. Lithographie, 1823, SMCA, Inv. Nr. 1026 h/49. S. 16

Julius Schoppe (der Ältere): Die Maler Julius Schoppe, Carl Wilhelm Gropius und Karl Friedrich Zimmermann und der Dichter Alois Weißenbach in Aigen, Öl auf Leinwand, 1817, Dresden, Staatliche Kunstsammlungen. S. 18

Ernst Fries: Blick auf Salzburg, Aquarell, Bleistift und Federzeichnung, 1821, Kupferstichkabinett und Sammlung der Zeichnungen, Berlin. S. 19

Domenico Quaglio: Die Festung Salzburg von Nonnberg. Kreidelithographie, 1821, SMCA, Inv. Nr. 232/39. S. 21

Johann Fischbach, Salzburger Ansicht mit dem Kapuzinerberg, Öl auf Holz, 1844, Residenzgalerie, Inv.Nr. 255. S 22 oben

Thomas Ender: Blick auf die Stadt Salzburg mit Festung Hohensalzburg, 1829, Aquarell über Bleistift auf Papier, Land Salzburg, Inv. Nr. 11-1-28-1006. S. 22 unten

Johann Fischbach: Salzburg von Mülln. Stahlstich. Aus: Johann Fischbach: Malerische Ansichten der Stadt Salzburg und ihrem Kreise des Salzkammergutes und Berchtesgadens, Salzburg o. J. Faksimile der Ausg. v. 1848, Salzburg 1998. S. 26

Johann Fischbach: Vorstadt Stein in Salzburg. Stahlstich. Aus: Johann Fischbach: Malerische Ansichten der Stadt Salzburg und ihrem Kreise des Salzkammergutes und Berchtesgadens, Salzburg o. J. Faksimile der Ausg. v. 1848, Salzburg 1998. S. 27

Johann Michael Sattler: Panorama der Stadt Salzburg, Öl auf Leinwand, 1825-1829, SMCA. S. 24, 28/29

Hubert Sattler: Salzburg von Nordwesten im Winter, um 1840, Gouache auf blauem Naturpapier, SMCA, Inv. Nr. 1024/49. S. 30

Hubert Sattler: Blick von Mülln auf die Stadt Salzburg im Winter. Öl auf Leinwand, 1875, SMCA. S. 31

Neue Kaiverbauung (Schwarzstraße – Österr. Hof), Photographie, SMCA. S. 32

Rudolf von Alt: Blick auf Salzburg. Aquarell, 1869, Albertina, Wien. S. 34

Sebastian Stief: Der heilige Rupert erblickt die Ruinen von Iuvavum. Ölgemälde, 1859, erzbischöfliches Palais Salzburg (Foto: Oskar Anrather). S. 38

Salzburg vom Mönchsberg, gez. und gest. v. F. Würthle (vor 1866), Stahlstich (Himmel hellblau laviert), SMCA Inv. Nr. 3715/49. S. 41

Wilhelm Lichtenheld: Mondnacht über Salzburg, Öl auf Leinen, 1873, Privatbesitz. S 36, 42

Domplatz mit Domfassade, St. Petersstift und Mariensäule, Lichtdruck, in: Ferdinand von Feldegg: Die Platz- und Straßenanlagen von Salzburg. Wien (1909). S. 44

Mozarts Geburtshaus. Stahlstich, gez. u. gestochen v. Knocke, Vlg. Baldi (um 1850), SMCA Inv. Nr. 211/57, Gr. Nr. 1272. S. 48

Mozartplatz in Salzburg. Aus: Johann Fischbach: Malerische Ansichten der Stadt Salzburg und ihrem Kreise des Salzkammergutes und Berchtesgadens, Salzburg o. J. Faksimile der Ausg. v. 1848, Salzburg 1998. S.46, 50

Rudolf von Freysauf: Fahnen- und Gesangsfeier der Salzburger Liedertafel am 28. Mai 1849, Lithographie, SMCA Inv.Nr. 4243/49. S. 54

Fritz Hegenbart (1864-1943): Sommerabend (Salzburg vom Gaisberg), Farblithographie, um 1900, SMCA. S. 56

Cäcilia Pfaff-Bader: Über die Stadtbrücke, Radierung. Aus: Oskar Graf, Cäcilia Pfaff-Bader: Malerisches Salzburg. Originalradierungen v. O. G. und C. P.-B. 25 Blätter. Mit begleitendem Text, Salzburg (1902). S. 58 oben

Oskar Graf: Mülln, Abendstimmung, Radierung. Aus: Oskar Graf, Cäcilia Pfaff-Bader: Malerisches Salzburg. Originalradierungen v. O. G. und C. P.-B. 25 Blätter. Mit begleitendem Text, Salzburg (1902). S. 58 unten

Cäcilia Pfaff-Bader: Zur Einleitung, Radierung. Aus: Oskar Graf, Cäcilia Pfaff-Bader: Malerisches Salzburg. Originalradierungen v. O. G. und C. P.-B. 25 Blätter. Mit begleitendem Text, Salzburg (1902). S. 59

Franz Hinterholzer: „An dem Ufer der Salzach bei Salzburg", Öl auf Leinen, nach 1900, Privatbesitz. S. 61

Theodor Ethofer: Kiosk des Cafe Tomaselli, 1908, Öl auf Holz, SMCA, Inv. Nr. 28/43. S. 62/63

Panoramaansicht der Stadt Salzburg. Postkarte, um 1910, Privatbesitz. S. 64/65

Franz Hinterholzer: Salzburg – Johannisnacht. „Salzburger Künstler-Postkarte", um 1910. SMCA, Postkartensammlung 1p 14. S. 66

Mönchsbergaufzug Postkarte, um 1910, Privatbesitz. S. 66

Leo Reiffenstein: Salzburg „Herbst", SMCA, Postkartensammlung 1p 4. S. 66

„Treudeutscher Heilgruß aus Salzburg", Postkarte, um 1900, SMCA, Postkartensammlung 3a 46. S. 67

Stadtbrücke mit Straßenbahn, Postkarte, um 1910, Privatbesitz. S. 67

Julius Wolfgang Schülein: Jedermannaufführung auf dem Domplatz, 22. August 1920. Aus: J. W. Schülein: Salzburg, 7 Steinzeichnungen, München 1920, SMCA, Graph. Sig. 283. S. 72

Georg Jung: Festspielauffahrt, Aquarell 1929, SMCA. ©VBK Wien, 2002. S. 68, 75

Luigi Kasimir: Nonnbergstiege. Aus: Luigi Kasimir/Tanna Kasimir-Hoernes: Salzburg. 15 Orig. Radierungen, Wien, Heller & Co. 1921, SMCA, Graph. Sig. 275. S. 76

Tanna Hoernes: Blick von Goldgasse auf den Dom. Aus: Luigi Kasimir/Tanna Kasimir-Hoernes: Salzburg. 15 Orig. Radierungen, Wien, Heller & Co. 1921, SMCA, Graph. Sig. 275. S. 77

BILDNACHWEIS

Modell der Imbergverbauung („Gauforum") von Otto Stromayr und Otto Reitter, um 1941, Photo AStS. S. 78, SMCA S. 81

Ulf Seidl: Mozarts Geburts- und Wohnhaus. Aus: Salzburger Bildermappe. Zwölf Federzeichnungen von Ulf Seidl, Vlg. Kiesel, Salzburg (um 1930). S. 83

Salzburg vom Mönchsberg. Aus: Das schöne Österreich. Mappe 6: Salzburg, 12 handkolorierte Ansichten. Verlag Brüder Nedomansky, Wien (o.J.), SMCA, Graph. 275. S. 83

Stefan Kruckenhauser, Blick auf Altstadt und Kollegienkirche, Photo 1938. Aus: Stefan Kruckenhauser: Verborgene Schönheit. Bauwerk und Plastik der Ostmark. 180 Leicabilder. Otto Müller Verlag, Salzburg, Leipzig 1938. S. 84

Stefan Kruckenhauser, Blick auf Altstadt und Kollegienkirche, Photo 1938 (retouchiert). Aus: Stefan Kruckenhauser: Verborgene Schönheit. Bauwerk und Plastik aus Österreich. 232 Leica-Bilder. Otto Müller Verlag, 5. stark erweit. und geänderte Auflage, Salzburg (1954). S. 85

Filmplakat „The Sound of Music". S. 86

Kurt Moldovan: Makartsteg und Kollegienkirche, Feder, Tusche laviert, 1948, Privatbesitz. S. 87

Anton Steinhart: Salzburg vom Hohen Weg, August 1945. Aus: Anton Steinhart: Salzburg. Stadt – Land – Festspiele. 25 Rohrfederzeichnungen. Einführungstext: Ludwig Praehauser, Salzburg, Otto Müller Verlag, 1947. S. 88

Eduard Bäumer: Zerstörte Schranne in Salzburg, 1945, Aquarell. Aus: Eduard Bäumer (1892 –1977, Salzburg, Verlag Galerie Welz 1992. S. 89

Max Peiffer Watenphul, Blick vom Mönchsberg auf den Dom, Öl auf Pappe, um 1944, (Amt d. Sbg. Landesreg.). Aus: Nikolaus Schaffer, Max Peiffer Watenphul (1896-1976), Salzburg (SMCA) 1993 (Monographische Reihe zur Salzburger Kunst, Bd. 16). S. 90 oben

Agnes Muthspiel: Salzburger Türme, Öl/Karton, 1957 (Privatbesitz). Aus: Gerhard Amanshauser: Agnes Muthspiel, Salzburg, Verlag Galerie Welz, Salzburg 1986. S. 90 unten

Herbert Breiter, St. Peter und Dom, Farblithographie 1970. Aus: Herbert Breiter: Landschaften. Ponza – Salzburg – Dalmatien – Toskana – Griechenland, Salzburg, Verlag Galerie Welz 1979. S. 91

Oskar Kokoschka: Salzburg vom Kapuzinerberg, Öl auf Leinwand, 1950, Bayrische Staatsgemäldesammlung München. © VBK Wien, 2002. S. 92

Herbert von Karajan und Mozart, Karikatur, Washington Post. S. 93

Carl Pospesch, Blick aus dem Schloß Mirabell auf Festung und Mirabellgarten, Photo ca. 1956. Aus: Salzburg, die schöne Stadt. (Festgabe der Landeshauptstadt Salzburg zur Wiederkehr des 200. Geburtstages v. Wolfgang Amadeus Mozarts) (Salzburg 1956). S. 94

Anton Thuswaldner: Einkaufswagen um Mozart-Denkmal, Photo, AStS. S. 95

Josef Dapra: Der Waagplatz, Urzelle der „Bürgerstadt", Photo. Aus: Salzburg. Die schöne Stadt, photographiert von Josef Dapra. Texte von Walter Del-Negro, Herbert Klein Franz Fuhrmann, Bernhard Paumgartner, Residenz Verlag, 4. Aufl. Salzburg 1975. S. 96

Josef Dapra: Die Hofstallgasse mit Alter Universität und Festspielhaus (Festspielauffahrt), Photo. Aus: Salzburg. Die schöne Stadt, photographiert von Josef Dapra. Texte von Walter Del-Negro, Herbert Klein, Franz Fuhrmann, Bernhard Paumgartner, Residenz Verlag, 4. Aufl. Salzburg 1975. S. 97

Oskar Anrather: Blick von Maria Plain auf die Stadt, Photo. S. 100

Rudolf Hradil: Peripherie, Salzburg, 1970. Aus: Rudolf Hradil: Ölbilder. Mit einem Vorwort von Nikolaus Schaffer und einem Essay von Matthias Boeckl, Salzburg, Residenzverlag 1995. S. 98, 102

Andrew Phelps Disfunction unfixierte SW-Fotogragie, Baryt, 1997. S. 105

Dieter Huber: Stadtlandschaft ohne Stadt (Fotomontage). Amt der Salzburger Landesregierung und Dieter Huber. S. 106/107

Für freundliche Unterstützung danken Autor und Verlag

Oskar Anrather
Angelica Bäumer
Burgi Breiter
Franz Eder (Galerie Welz)
Rudolf Hradil
Dr. Roswitha Juffinger (Residenzgalerie)
Mag. Beatrix Koll (Universitätsbibliothek)
Mag. Elisabeth Kruckenhauser
Dr. Erich Marx (SMCA)
Michael Mauracher (Galerie Fotohof)
Dr. Andres Müry
Allesandra Pasqualucci
Dr. Nikolaus Schaffer (SMCA)
KR Heinrich Spängler
Dr. Lore Telsnig (SMCA)